architecture showcase

Author: *Arian Mostaedi*
Publishers: *Carles Broto & Josep Mª Minguet*

Editorial team:
Projects Manager: *Soledad Lorenzo*
Architectural Adviser: *Maria Ribas*
Production & Graphic Design: *Francisco Orduña*
Graphic & Layout Design: *Fernando Graells*
Editorial Coordinator: *Cristina Soler*
Editorial Assistant: *Tania Gibernau*

ISBN (English edition): 84-89861-09-9
ISBN (Spanish edition): 84-86426-89-8

D.L.: B-16351-99

Color Separation: BCN Fotomecánica & Zum Color
Printing IGFOSA
Binding Sagarra Mármol
Paper C. Burgo R-400 CHORUS semi-matt 2/c of 150 gr.

TOWN HOUSES

En ese intrincado ejercicio que supone rellenar los vacíos del puzzle metropolitano y hacer que las piezas encajen ordenadamente, la adecuación de un volumen en los huecos más apretados y ceñidos de la ciudad resulta una tarea delicada y difícil para la actividad arquitectónica.

Se trata de una práctica compleja en la que entran en juego diversas consideraciones, tanto de tipo estético como funcional. De un lado, implica crear un cierre entre dos volúmenes existentes, lo que conlleva la unión de las preexistencias en un único bloque que funde el nuevo inmueble con los dos que lo flanquean y, además, significa desarrollar un lenguaje sutil y diferenciador para una fachada especialmente ahogada y apretada.

Frontera entre la calle y la intimidad del interior, la fachada concentra los aspectos compositivos y constructivos más interesantes de este tipo de proyectos. Es el rostro del edificio, un mirador privilegiado hacia el exterior, que se abraza a las construcciones vecinas para urdir la trama urbana y cerrar el perfil de la arteria de la ciudad sobre la que se entreteje. Tras ese telón de piedra, cristal u hormigón, se encuentra un espacio constreñido y estrecho, dentro del cual se pone a prueba el oficio del proyectista para sacar de donde parece imposible una distribución de vivienda con todo el equipamiento necesario: cocina, aseos, dormitorios, estar, comedor, etcétera y que, además, parezca un espacio holgado e, incluso, equilibrado.

Este trabajo monográfico analiza, mediante ejemplos recientes realizados por arquitectos de renombre internacional, la dificultad de integrar en solares particularmente ajustados y conflictivos por su disposición y entorno, nuevos volúmenes de vivienda, que se abrazan al contexto mediante soluciones técnicas y formales ejemplares.

Entre ellos se encuentra el proyecto del arquitecto japonés Tadao Ando, una inteligente actuación encajada en un caótico distrito de la ciudad de Osaka, que se resume en diáfanos espacios interiores envueltos por una limpia piel de hormigón y vidrio. El maestro nipón ha logrado, mediante un enorme plano de vidrio opaco, que separa la intimidad doméstica del trasiego callejero, que la vivienda se constituya como un universo absorto, tranquilo, y aparentemente muy espacioso, en el que se filtra una suave y matizada luz natural. El eficaz recurso de dejar dobles alturas en algunos de los ambientes, de abrir huecos que intercomuniquen las cuatro plantas, supone sacar el máximo partido de la verticalidad de la finca para disimular la evidente estrechez de la planta.

Un compatriota de Ando, Waro Kishi, ha creado en Kobe una caja de hormigón y cristal de tan sólo 3.3 metros de ancho y 16 metros de profundidad para albergar la casa de una madre y una hija. Con la idea de explotar la presencia de un parque frente a la vivienda, Kishi ha configurado una pieza de grandes aperturas con una inusitada distribución en la que destaca la ubicación del estar en la última planta para disfrutar al máximo de las vistas. Todos los recorridos se plantean, como en el proyecto de Ando, en tres niveles con un concepto de espacio diáfano y continuo.

Ya en Europa, los holandeses Kees Kaan y Felix Claus han conseguido insertar en pleno Amsterdam una escueta y elegante pieza forrada de cristal transparente y opaco, junto a pintorescos edificios de típicos hastiales característicos de esa ciudad. Fruto de la ampliación de uno de estos antiguos inmuebles, la actuación de Claus y Kaan contrasta fuertemente con su entorno, dotando de energía el frente de la calle en el que se enclava. Ellos mismos hablan de una operación de microcirugía al referirse a este proyecto, por la delicadeza con la que se ajusta el volumen al solar y por el exitoso resultado, consistente en varias viviendas sociales de inusual amplitud y nitidez.

Son estos sólo tres ejemplos del repertorio gráfico que se ofrece en las páginas que siguen, un paradigmático muestrario de ejercicios malabares en los que los proyectistas manejan con astucia la economía de espacio para poner en marcha una sabia formulación de requisitos funcionales y estéticos.

introduction

In the intricate exercise of filling the voids in the metropolitan puzzle and making the pieces fit together correctly, locating a volume in a tight gap in the city is a delicate and difficult task for architects.

It is a complex practice involving many consideration of an aesthetic and functional nature. A closure must be created between two existing volumes, linking the existing elements into a single block that merges the new building with the two that flank it. It also involves developing a subtle differentiating language for a particularly narrow facade. The facade is the border between the street and the private interior, concentrating the most interesting compositional and structural aspects of this type of project. It is the face of the building, a privileged viewpoint towards the exterior, which embraces the neighboring buildings to form the urban fabric and to close the profile of the artery of the city into which it is inserted. Behind this curtain of stone, glass or concrete we find a tight limited space which tests the mastery of the architect in performing the seemingly impossible task of creating a layout with all the necessary facilities (kitchen, toilets, bedrooms, living room, dining room, etc.), whilst making it appear a spacious and balanced interior.

This monographic work uses recent examples by architects of international fame to analyse the difficulty of integrating, in tight and difficult sites, new residential volumes that embrace the context and offer exemplary technical and formal solutions. One of these is the project by the Japanese architect Tadao Ando. It is an intelligent intervention in a chaotic district of Osaka, which contains transparent interior spaces enveloped within a clean skin of concrete and glass. Using an enormous plane of opaque glass to separate domestic privacy from the busy street, the dwelling created by Ando is a calm, self-absorbed and apparently very spacious universe with a subtle use of filtered natural lighting. The effective strategy of using double heights in some of the environments and opening voids that communicate the four floors takes full advantage of the verticality of the building to temper the obvious limitations of the ground plan.

A compatriot of Ando, Waro Kishi, created in Kobe a concrete and glass box only 3.3 metres wide and 16 metres deep for the home of a mother and child. With the idea of exploiting the presence of a park opposite the building, Kishi designed a scheme with large openings and an unusual layout in which the living room is located on the top floor in order to enjoy the best views. As in Ando's project, the circulation is conceived on three levels with a transparent and continuous use of space.

In Europe, the Dutch architects Kees Kaan and Felix Claus inserted in the centre of Amsterdam, beside picturesque gabled buildings that are typical of the city, a small and elegant building clad in transparent and opaque glass. Resulting from an extension of one of the old buildings, the intervention of Claus and Kaan contrasts sharply with the environment, bringing energy to the row of buildings in which it is set. The architects speak of an "operation of microsurgery" when they refer to this project, because of the delicate adjustment of the volume to the site and the creation of social dwellings of unusual spaciousness and clarity.

These are only three examples of the works presented in this book, a paradigmatic sample of projects in which the architects skilfully juggle with the limited space to establish a successful formulation of the functional and aesthetic requirements.

Soledad Lorenzo

Tadao **Ando**

Osaka, JAPAN

HOUSE IN NIHONBASHI

Photographs: Tomio Ohashi

Located in fluorishing Osaka commercial district called Minami, the area is composed of a confused mixture of shops, restaurants and old residential buildings.

Though disorganized, the cityscape is charged with a chaotic urban energy that is truly Osakan.

As is common in the area, the site has a narrow frontage and is deeply recessed. The building with an exceedingly narrow plan of 2,9 x 15 meters stands four stories high and is sandwiched between the neighboring buildings.

A store occupies the first floor, with the second to fourth levels used as residence. Two vertically extending voids divide the slender, deeply recessed plan. One –a double-volume exterior space on the third and fourth levels– is reached by ascending a narrow staircase from the building`s entrance. This outdoor space, set in the middle of the residence, allows light to spill down into the narrowly confined living area, while forming a court cooled by breezed and framing a segment of the sky.

The other void is the large space of the living room, which runs vertically through three levels of the residence, from the second to the fourth floor. Separated by no more than a single plane of frosted glazing from the chaotic urban surroundings, this void faces onto the road.

These two voids of different qualities run through the single, mono-functional space of the house in a crevice-like manner. All the rooms face these crevices and the occupants must come and go by means of them. Through these crevices each room receives the presence of nature and vitality of the city, thus ensuring a dwelling space of richness and variety.

Enclavada en Osaka, en el floreciente distrito comercial conocido como Minami, este área se compone de una desordenada mezcla de tiendas, restaurantes y antiguos edificios residenciales.

Pese al informe perfil urbano, el caos existente forma parte de la

The dwelling has been adapted to the dimensions of a narrow and deep site (2.9x 15 metres) located in a district of frenetic commercial activity in the city of Osaka.

La vivienda se adapta a las dimensiones de un estrecho y profundo solar (2.9 x 15 metros) situado en un distritc de frenética actividad comercial de la ciudad de Osaka.

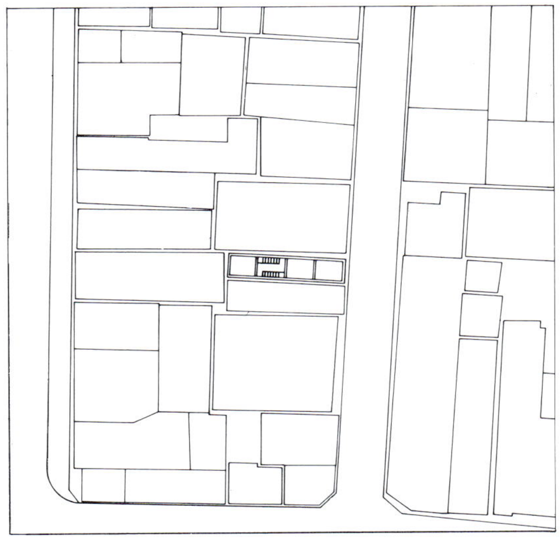

Site plan / Plano de situación 0 5 10 20

Main elevation / Alzado principal 0 1 2 4

auténtica atmósfera, llena de energía, del centro de Osaka.

Como es habitual en esta zona, el solar de esta vivienda tiene un frente alargado y está fuertemente retranqueado. Levantado sobre un solar extremadamente alargado y estrecho, de 2,9 x 15 metros, el volumen se divide en cuatro plantas y aparece fuertemente flanqueado por las construcciones vecinas, que marcan una fuerte medianería con los edificios vecinos. La primera planta está ocupada por un local comercial, mientras que el resto de las alturas, de la segunda a la cuarta planta, tienen uso residencial.

Dos vacíos se extienden en sentido vertical y dividen la estrecha planta, fuertemente retranqueada. A uno de éstos –un espacio exterior de doble volumetría sobre las plantas tercera y cuarta– se llega subiendo por una estrecha escalera desde la entrada del edificio.

Este ambiente al aire libre, ubicado en el centro de la vivienda, permite la entrada de luz desde los niveles superiores hasta las oscuras plantas inferiores, al tiempo que conforma un fresco patio, aireado y enmarcado por un segmento de cielo.

El otro hueco es un gran espacio dentro del estar, que recorre verticalmente tres niveles de la vivienda, de la segunda a la cuarta planta. Solamente separada del caos urbano de los alrededores por un escueto plano de vidrio arenado, este vacío mira hacia la carretera.

Estos dos huecos tienen características diferentes, dentro del espacio sencillo y monofuncional de la casa, y conforman una especie de gran brecha dentro de la vivienda. Todas las habitaciones miran hacia estas brechas y los inquilinos deben circular en los recorridos que se conforman en torno a éstas.

Asimismo, gracias a estas hendiduras las habitaciones tienen un contacto más directo con la naturaleza y la vitalidad urbana, lo que garantiza una unidad de habitación de gran riqueza y variedad.

On this double page, photographs of the exterior patio located in the central part of the site. From here, the dwellings are accessed by two narrow staircases in bare concrete, as is the rest of the dwelling.

En esta doble página, imágenes del patio exterior situado en la parte central de solar. Desde este espacio se accede a las viviendas a través de dos estrechas escaleras realizadas, al igual que el resto de la vivienda, en hormigón visto.

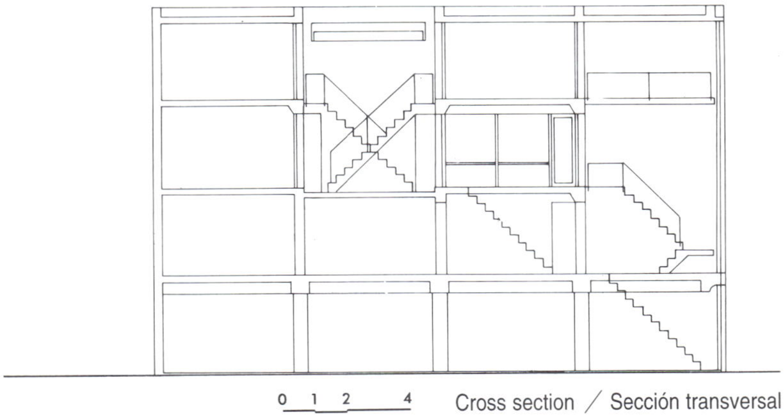

Cross section / Sección transversal

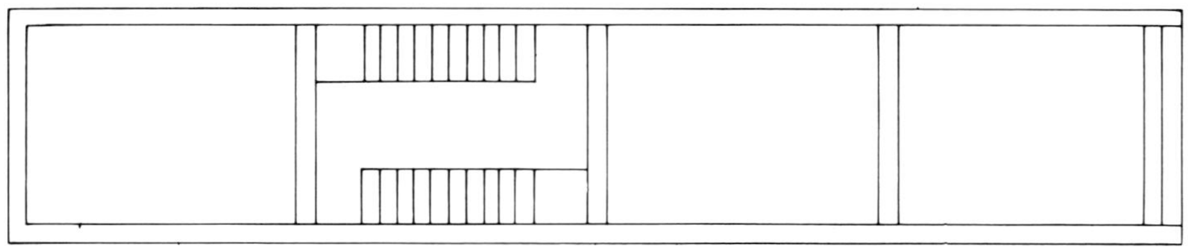

Roof plan / Planta de cubierta

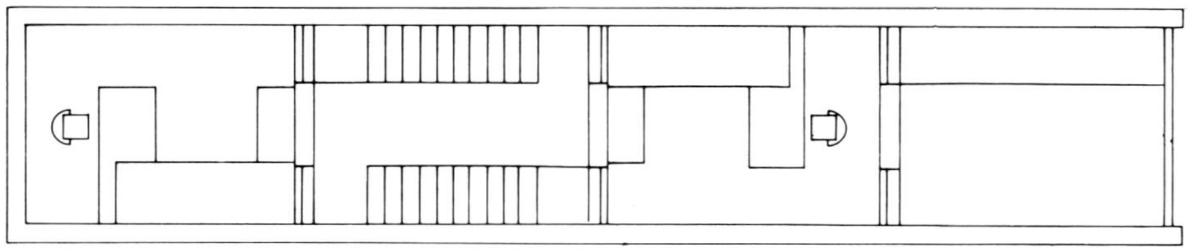

Third floor plan / Planta tercera

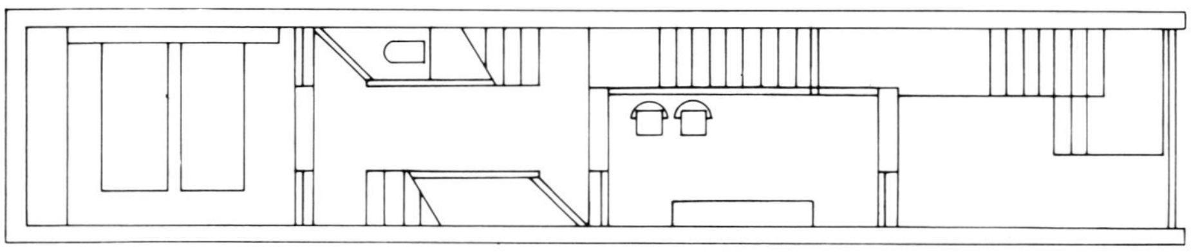

Second floor plan / Planta segunda

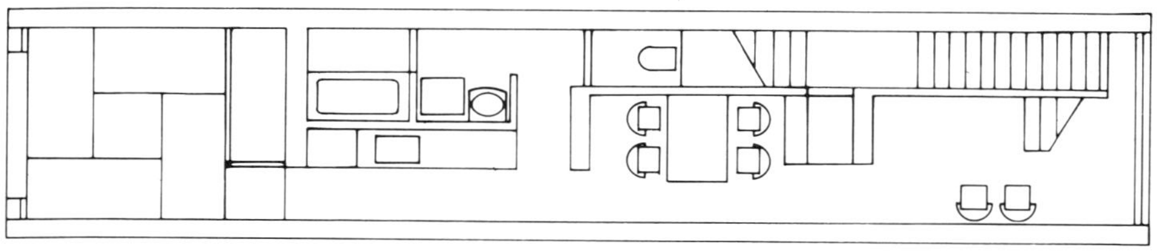

First floor plan / Planta primera

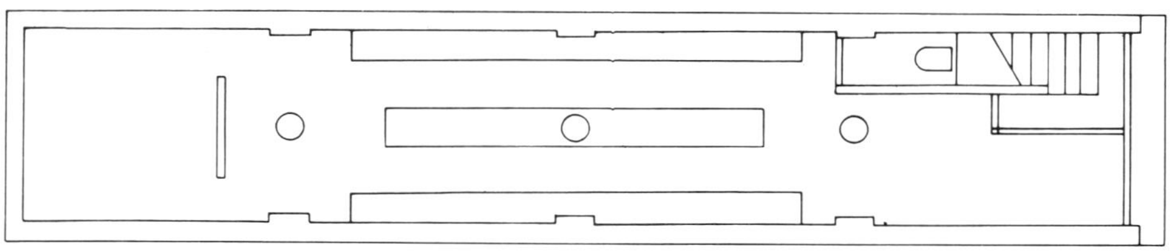

Ground floor plan / Planta baja

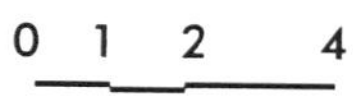

As the photographs on this page show, the architect has taken advantage of the narrowness of the site, conceiving double-height spaces that heighten the sensation of extreme verticality in the home's interior.

Las imágenes de esta página muestran cómo el arquitecto ha aprovechado la estrechez del solar concibiendo espacios en doble altura que potencian la sensación de extremada verticalidad en el interior de la vivienda.

The wide living-room is protected from the chaotic Osaka's urban organisation by a single plane of frosted glazing, as it is shown on the pictures above.

El amplio estar de la vivienda se protege del caos urbano de la ciudad de Osaka mediante un escueto plano de vidrio arenado, como muestran las imágenes.

Yong **Sun**
Gerhard G. **Feldmeyer**

Hamburg / GERMANY

TOWN HOUSES IN HAMBURG

Photographs: Richard Bryant/ Arcaid

A gap, just 6 meters wide, between the buildings –a sad reminder of a night bombing raid during the Second World War– was literally crying out for a house to fill it. The architects were overwhelmed by the inspiring, organically evolved urban district with its well-established population, its heterogeneous, microcosmic use-structure and its extensive greenery.

Five floors were developed on an area of 65 square meters. A basement was out of the question for structural reasons. The obligatory ground-floor parking space did not take the form of a garage, but adopted the motif of a courtyard passage. The design of the residential floors above was largely determined by a very simple ground plan. The roof terrace made it possible to use the built-on area again.

With space a rarity, the stairs had to be more than mere stairs, a hallway had to do more than function solely as a hallway and a room had to abandon all pretensions to having a fixed definition for all eternity. All of the areas need to have access to one another corresponding to their use at any given time, inhaling and exhaling like lungs, as it were.

This effect was attained by using a minimal number of fixed points as well as a segmented sliding longitudinal wall. Two rooms were created on one floor by means of a collapsible cupboard constructed in the form of a monolithic "wooden case" that has a considerable number of possible uses. The theme of modifiability was also taken up in the design of the facade. The characteristics and significance of an almost completely intact development constructed at the turn of the century were interpreted in a playful manner. Although the new elements are clearly distinguishable from the old, they are intended both to establish contact and to constitute an urban unity.

The horizontally sliding window shutters allow for a certain degree of privacy in a very densely-built urban context, whilst simultaneously enabling light and air to enter freely.

Furthermore, depending on their position, they change the face of the

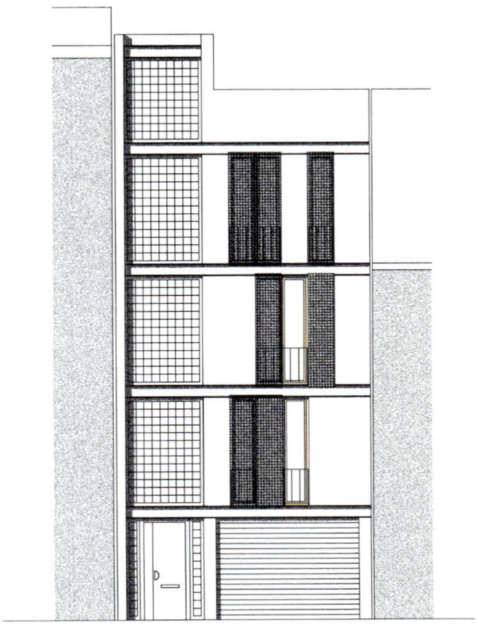

Street facade / Fachada a la calle

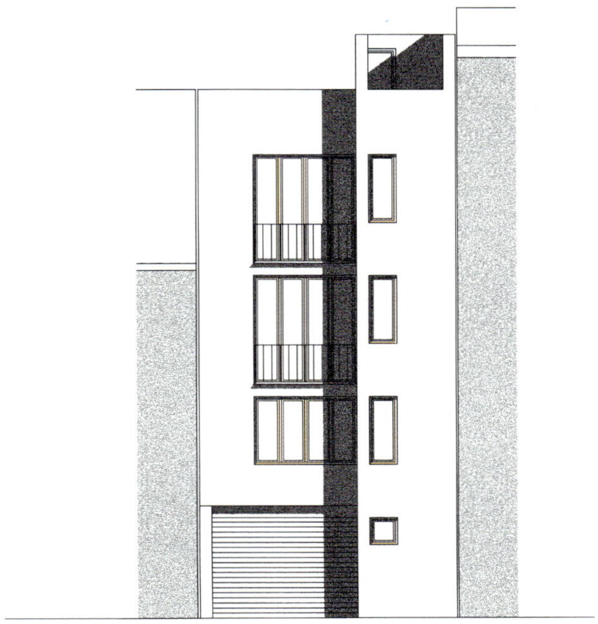

Interior facade / Fachada interior

house: now open and receptive, now hermetic...

The house was constructed from 82 prefabricated concrete elements and completed in approximately 4 working weeks.

Detail, materials and colour were kept to on absolute minimum in order to create the effect of abundant space. The interior rooms have whitewashed and sand-blasted concrete surfaces, light wood surfaces, a filigree screen made of expanded metal creating the impression of a banister railing, matte glass bricks and wooden windows.

The outside wall has been rendered in white. The mobile window shutters consist of standard galvanised grating. The remaining metal surfaces have been given an anthracite-coloured micaceous iron-ore finish.

Un hueco de seis metros de anchura, –triste recuerdo de un bombardeo nocturno durante la Segunda Guerra Mundial– es el solar de este edificio, que pedía a gritos recuperar la vida a través de una nueva construcción.

Los arquitectos se sintieron desde el principio muy interesados por el encargo, por el carácter inspirador del distrito urbano en el que se levantaría el edificio, por su heterogénea y microscópica estructura y la basta vegetación del entorno.

La vivienda, de cinco plantas, se desarrolla en un área de 65 metros cuadrados. Por razones estructurales, el basamento se realizó previamente. El obligado aparcamiento de la planta baja no tomó la forma de garaje, pero adoptó el motivo de un pasaje interior.

El diseño de los niveles residenciales superiores ha seguido un planteamiento muy sencillo. Por su parte, la terraza de la cubierta ha hecho posible utilizar el área construida *in situ* de nuevo.

Se trata de un espacio poco común: las escaleras tenían que ser más que un mero elemento de comunicación vertical, el vestíbulo debía cumplir no sólo la misión de

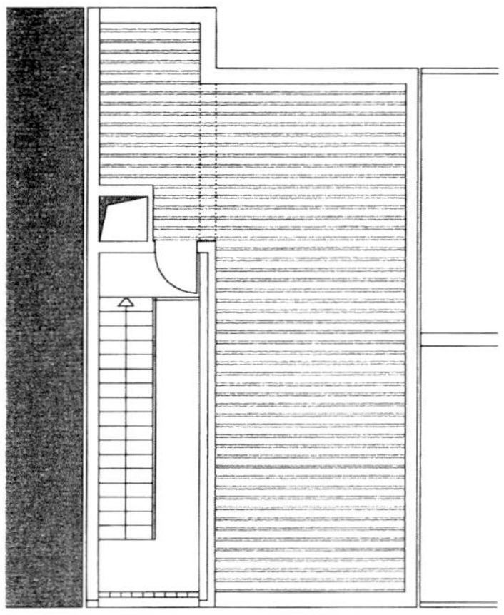

Roof plan / Planta de cubierta

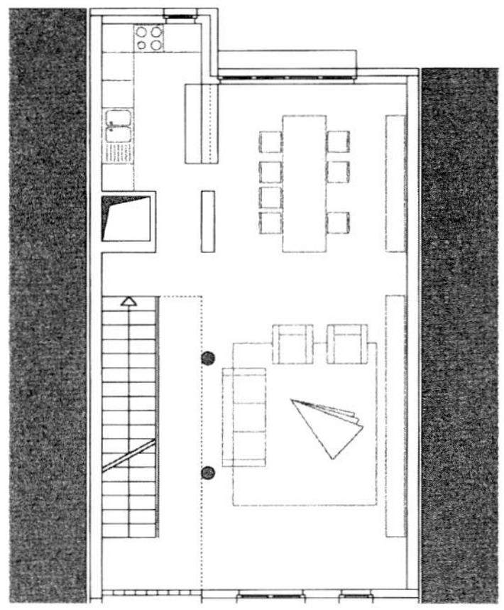

Third floor plan / Planta tercera

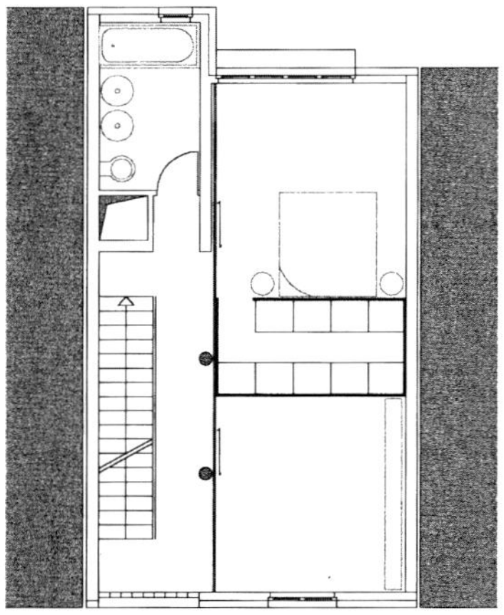

Second floor plan / Planta segunda

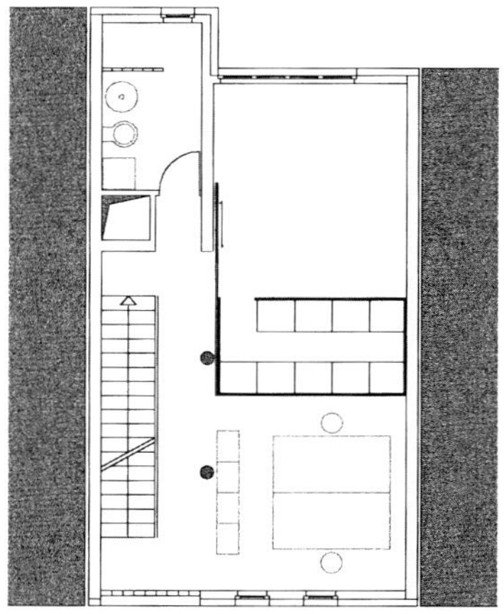

First floor plan / Planta primera

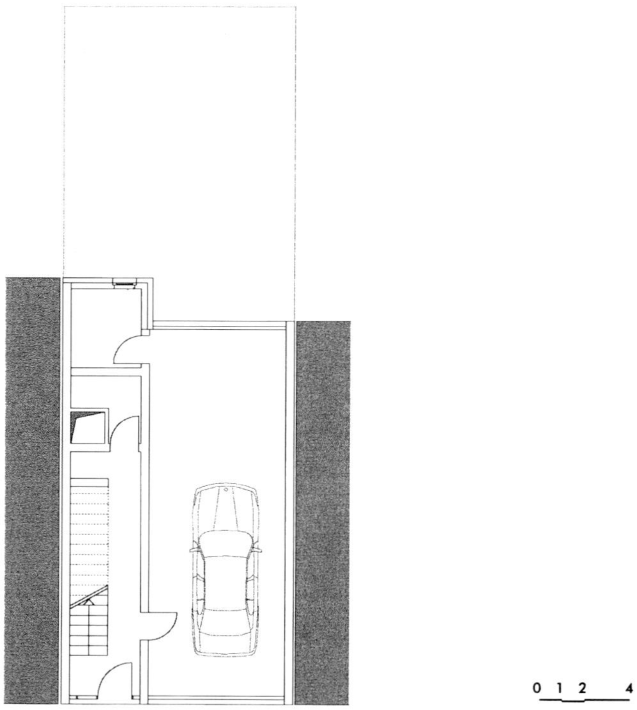

Ground floor plan / Planta baja

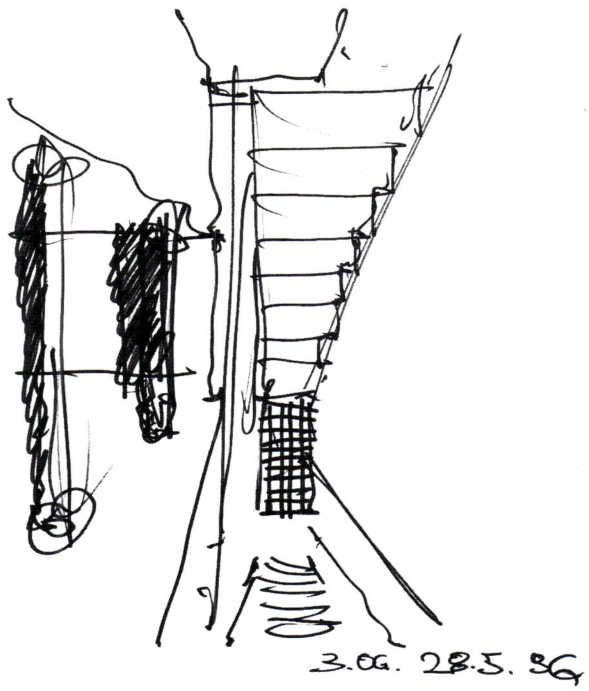

Preliminary sketches from the architects / Bocetos previos de los arquitectos

In order to compensate for the spatial limitations imposed by the size of the site, the architects have opted for diaphanous interiors and movable wooden panels as dividers.

Para compensar la limitación espacial impuesta por las dimensiones del solar, los arquitectos han optado por la creación de interiores diáfanos y paneles móviles de madera como elementos de separación.

recibidor, y las habitaciones tenían que abandonar toda pretensión de cumplir una función fija.

Todos los ámbitos han de tener tener acceso desde cualquier punto y en cualquier momento, correspondiendo a su función, inhalando o expirando como si fueran pulmones. Esto se consigue mediante el empleo de un número mínimo de tabiques fijos y la instalación de paneles móviles o correderos.

En las dos primeras plantas se han creado dos ambientes separados por un armario construido con la forma de una caja monolítica de madera que tiene varios usos.

Las características y significado de una construcción de final de siglo han sido interpretados aquí de un modo lúdico y juguetón .Pese a que los nuevos elementos se distinguen claramente de los antiguos, éstos tratan de dialogar y hacer ciudad.

Por otro lado, las contraventanas correderas permiten cierto grado de privacidad en un área urbana tan densamente poblada, al tiempo que constituyen una importante fuente de entrada de aire y luz natural. Además, según su posición, hacen cambiar el aspecto de la fachada: más hermética y de espaldas al mundo, más abierta y receptiva....

La casa se ha construido en un tiempo récord: aproximadamente cuatro semanas de trabajo con 82 paneles prefabricados de hormigón. Respecto a los acabados interiores, los detalles, materiales y colores han sido elegidos con un espíritu ascético, de forma que se logra dar cierta sensación de espacialidad. Los materiales en el interior son: revoco blanco y hormigón, madera, una filigrana sobre una pantalla de metal que configura el pasamanos de la escalera, pavés de vidrio mate y carpinterías de madera para las ventanas.

Por su parte, los muros exteriores son de revoco blanco y las contraventanas de rejilla metálica.

Las restantes superficies metálicas que revisten la vivienda tienen un acabado antracita coloreado.

Cross section / Sección transversal

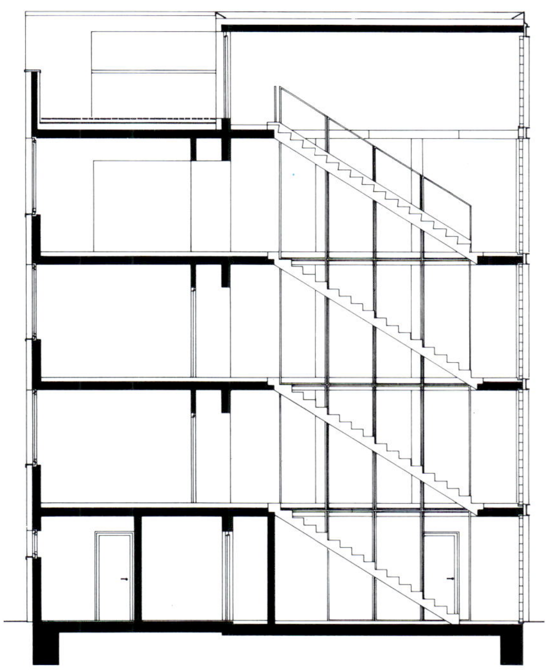

Longitudinal section / Sección longitudinal

With the idea of minimising the visual impact produced by its inevitable presence, the staircase has been attached to one of the dividing walls, protected by a metal lattice handrail.

Con tal de minimizar el impacto visual producido por la inevitable presencia de la escalera, ésta se ha adosado a una de las paredes medianeras y se ha protegido con un ligero pasamanos de rejilla metálica.

Seth **Stein**

London / UNITED KINGDOM

HOUSE IN KENSINGTON

Photographs: Richard Bryant/ ARCAID

This house, where the British architect Seth Stein lives with his family is a former builder's yard located in Kensington, a residential London district.

The house is a highly personal interpretation of the typical Victorian terraced houses of the district, although the found structure (a stableyard, built in the 1880s) has been retrained and a wide variety of architectural (Roman atrium house, traditional Japanese garden) and pictorial (Matisse fucsia) references have been added. In fact, Stein has created an atrium house in the proper Roman sense, in spirirt but not in execution akin to the sequestered houses of more southerly latitudes.

The design exploits the long narrow plot that was once also a construction yard with an entrance block set back from the street to create a "public" forecourt to offset private patio court around which the uninterupted sequence of space extends like an architectural promenade of unusual rigour and simplicity.

When acquired by the Steins, the site was open on the south side to the street, at the rear were remnants of Victorian stables in a state of extreme delapidation, while the western edge was lined by an old factory. The house revolves around a long rectangular courtyard, extending at the front and rear over two levels. The introspection has the curious effect of distancing the house from

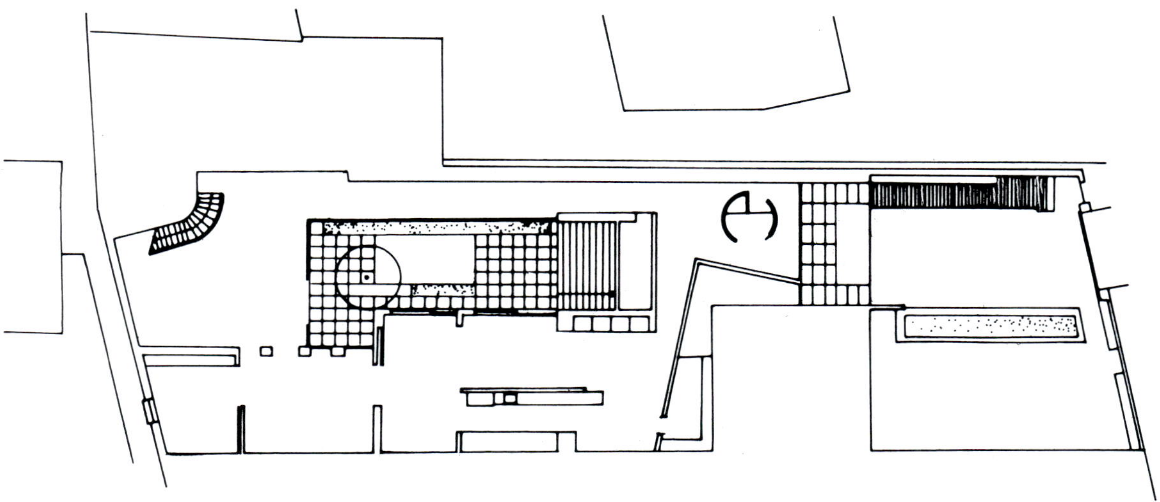

Ground floor plan / Planta baja

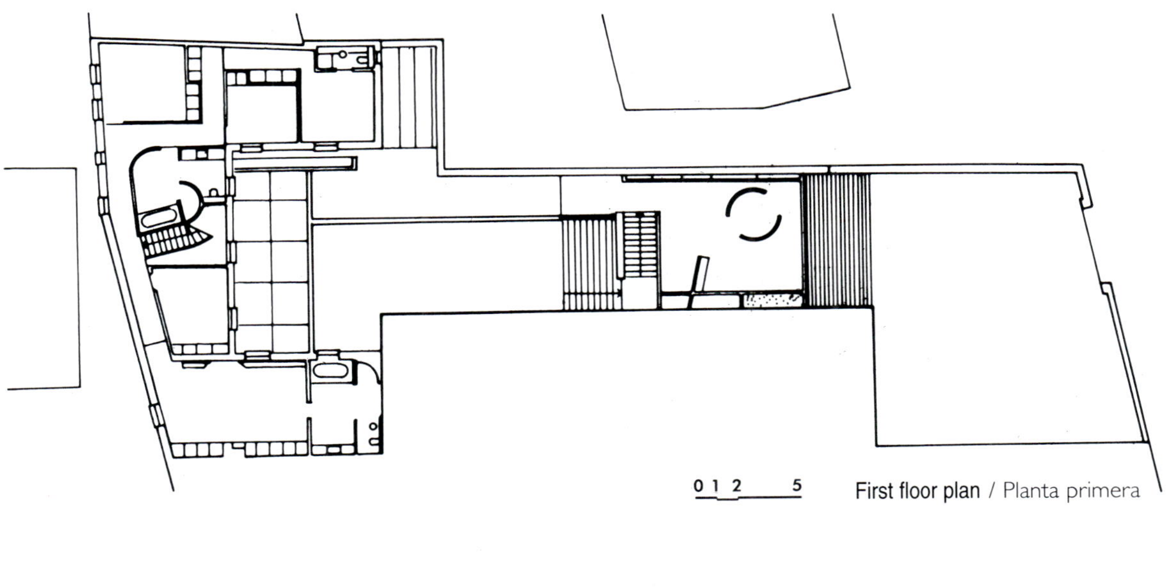

First floor plan / Planta primera

its closest monolithic neighbour, the flats next door.

The extent of the building is large –325 sq m below, 140 sq m above– but the house sits lightly on the site, the scale is domestic and there is the usual domestic arrangement whereby the ground floor is given over to living space, and the upper to sleeping. On the west, the ground floor of the factory is one large kitchen/family room looking on to the garden, its linearity accentuated by the extraordinarily long kitchen counter.

At the back, the Victorian remnants have provided supporting beams and columns on the ground floor; at the upper level the original brick shell with the old windows and exposed trusses has been restored and encloses the bedroom.

Esta casa, en la que el arquitecto Seth Stein vive con su familia, es un antigua casa-patio ubicada en el distrito residencial de Kensington, en Londres.

La vivienda constituye una interpretación personal de las típicas construcciones victorianas de la zona, y la estructura original –un establo construido en 1880– ha sido reinterpretada, añadiéndose sobre ella un amplio repertorio de referencias arquitectónicas (la casa-atrio romana, el jardín tradicional japonés...) y pictóricas (el evidente influjo de Matisse en los muros color fucsia). De hecho, lo que Stein ha creado es una casa atrio en el sentido romano del término, pero más en su significado espiritual que ejecutivo, si se tiene en cuenta los métodos constructivos de las remotas construcciones de latitudes más sureñas.

El diseño explota el carácter extremadamente largo del solar, que en otra época estuvo ocupado en parte por un antiguo patio con entrada desde el bloque ubicado en la parte trasera de la calle, de modo que se creaba un atrio "público" que supone un contrapunto proyectual con el

patio privado alrededor del cual se articula una secuencia ininterrumpida de los espacios, en una suerte de *promenade architectural* de inusual rigor y sencillez.

Cuando la vivienda fue comprada por los Stein, el solar estaba abierto en el lado sur hacia la calle, en la parte posterior se encontraron con restos de unos antiguos establos de epoca victoriana en un estado de deterioro extremo, mientras que el límite este del solar estaba ocupado por una antigua fábrica.

Tras la intervención de Stein, la vivienda se extiende alrededor de un patio alargado de planta rectangular, proyectándose en el frente y en el lado posterior en dos niveles. El carácter introspectivo de esta disposición del edificio contribuye curiosamente a distanciar la casa de su cercanísimo entorno construido, de los apartamentos vecinos.

La planta de la construcción es alargada –325 metros cuadrados en planta baja y 140 metros en la parte alta– pero se asienta suavemente sobre el terreno, con una escala doméstica y una organización interna bastante convencional: por un lado se organiza la planta baja que se ha destinado a zona de día con la sala de estar, y por otro, la planta primera que se dedica a los dormitorios, o zona de noche.

En el lado oeste del solar, la planta baja de la antigua fábrica está ahora ocupada por la enorme cocina familiar que se abre al jardín y su linearidad se acentúa con una larguísima encimera que recorre todo el espacio.

En la fachada posterior, los restos victorianos han proporcionado a la casa unas robustas vigas de soporte y unas bellas columnas en planta baja, mientras que en el primer nivel se ha conservado el muro original de ladrillo con las ventanas originales y la centenaria estructura vista, que ha sido restaurada para configurar los dormitorios.

On the ground floor and located near the entrance hall there is a small cylindrical volume of concrete whose silhouette stands out against a fucsia coloured wall.
This wall has been designed to contain a toilet and it rises in the exterior through the roof terrace.

En planta baja, y situado cerca del vestíbulo de entrada, destaca la presencia de un pequeño volumen cilíndrico de cemento cuya silueta se recorta sobre un muro de color fucsia. Este, habilitado para que funcione como cuarto de aseo, al llegar al nivel de la terraza sobresale por encima de la misma..

A round top table and four *Ant* chairs by Arne Jacobsen serve as second dining-room towards the kitchen, as it is shown in the picture above. The clean lines of the interiors are broken by patches of colour, as can be seen on this page and the previous double page: the indigo of the patio doors, the fuchsia (inspired in Matisse's colors) of the wall that traverses the kitchen and continues as an L in the entrance hall.

Una mesa de sobre circular y cuatro sillas *Ant*, diseño de Arne Jacobsen, funcionan como segundo comedor frente a la cocina, tal como se ve en la imagen superior.
Las líneas limpias y blancas de los interiores sólo se alteran con algunos fragmentos de color, como se aprecia en ésta y en las dos páginas anteriores: el tono índigo de las puertas del patio y el color fucsia (de inspiración matissiana) del muro que atraviesa la cocina y continúa en forma de L en el *hall* de entrada.

To the right, a partial view of the living room, furnished with sofas created by the British designer Marc Newson, upholstered in fabric of bright colours.

Los sofás del salón, que se pueden ver en la imagen de la derecha, son una creación del diseñador británico Marc Newson, tapizadas en fieltro de vivos colores.

Alan **Levitt**

Paris, FRANCE

MAISON À PARIS

Photographs: Jean Marie Mothiers

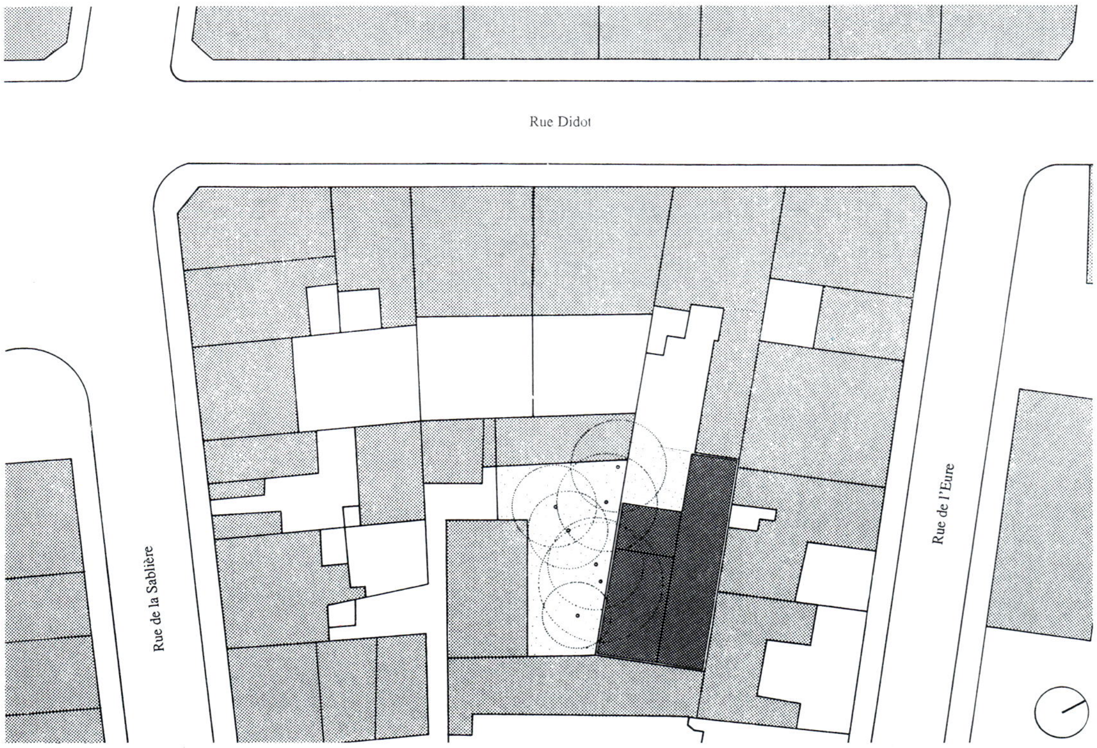

This dwelling was built on an unusual site in the centre of Paris, inserted in a tree-lined inner courtyard, and it backs onto a masonry wall that closes one of the blocks of dwellings of the environment.

The south aspect of the small building ensures maxim natural lighting and sunlight inside the dwelling, and avoids the effect of being closed in between the adjoining properties that could be caused by the tight location.

The site is in an area of quarries, like most of the urban districts of Paris, so the foundation of the dwelling is based on small pillars. After the excavation and placement of the formwork, Levitt decided to continue with this technique of construction of the house, which features the use of brickwork.

The brief –a dwelling for a family of three members– generated a series of simple solutions from the architectural point of view that adapt to the limited budget.

The largest challenge consisted in optimising the spaces and maintaining the maximum privacy in the dwelling by protecting it from views from the neighbouring properties.

Cross section / Sección transversal

The dwelling is inserted in a narrow site backing onto an old masonry wall and is surrounded by large trees.
Due to its situation in the interior of the block, the project had to solve the problem of access.

La vivienda se inserta en un estrecho solar adosado a un viejo muro de mampostería y se encuentra rodeada de grandes arboles. Debido a su situación en el interior de manzana, el proyecto debe solucionar la problemática del acceso.

The light coming through the skylights and the horizontal strips of windows favour a sensation of space inside the volumes of the dwelling. The interior shutters of linden wood graduate the intensity of the light through the adjustable louvers and guarantee privacy inside the dwelling.

Also, the gently sloping skylight contributes to make a generous amount of natural ligh enters into the living room and the kitchen.

On the other side, a small garden visible from the kitchen through a large sliding glass panel, forms a private space between the neighbouring properties and the main entrance of the small house.

La vivienda se erige en un solar singular en el centro de París, inserto en un patio de manzana arbolado, y su volumetría se adosa a un muro de mampostería que cierra uno de los bloques de viviendas del entorno.

La orientación sur de la pequeña construcción asegura una máxima entrada de luz natural y de sol en el interior de la residencia, al tiempo que evita el efecto de encajonamiento entre los inmuebles vecinos que sería lógico por su apretada ubicación.

El terreno se encuentra en una zona de canteras, como la mayor parte de los distritos urbanos de Paris, por lo que la cimentación de la vivienda se basa en pequeños pilares. Tras la excavación y colocación del encofrado, Levitt decidió continuar con esta técnica de construcción de la casa, en la que destaca el empleo de ladrillo.

El programa –una vivienda para una familia de tres miembros– ha generado una serie de soluciones sencillas, desde el punto de vista arquitectónico, que se adaptan a las limitadas condiciones del presupuesto. El mayor desafío consistía en la optimización de los espacios, y en la lucha por mantener al máximo la intimidad en la vivienda, frente a indiscretas miradas desde los inmuebles vecinos.

The program generates simple architectural solutions, seeking to optimise the interior spaces, open toward the exterior and the capture the maximum amount of light. The openings in the roof help to define the spaces volumetrically and give the interiors width.

El programa genera soluciones arquitectónicas simples, buscando la optimización de los espacios interiores, la apertura hacia el exterior y la captación de la máxima cantidad de luz. Las aberturas practicadas en el techo ayudan a definir volumétricamente los espacios y proporcionan amplitud a los interiores.

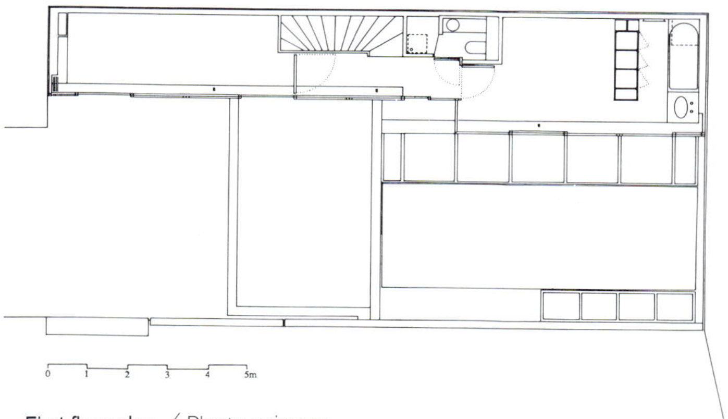

First floor plan / Planta primera

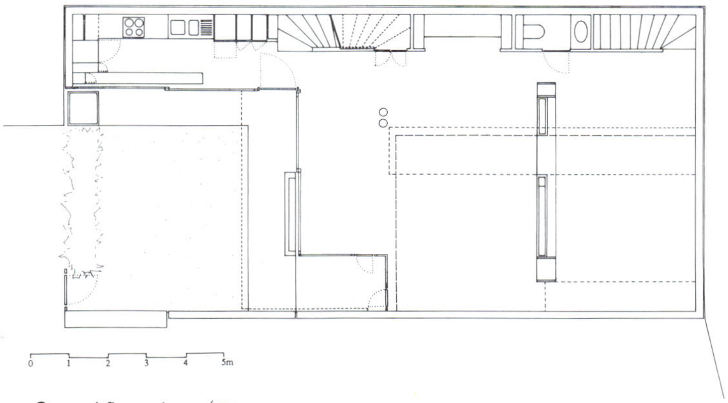

Ground floor plan / Planta baja

La entrada de luz que se produce a través de las aberturas practicadas sobre la cubierta, y las bandas de ventanas horizontales que recorren las fachadas de la construcción, favorecen una aireada sensación de amplitud en el interior de los volúmenes de la vivienda. Las contraventanas interiores de madera de tilo contribuyen a graduar la intensidad de la luz a través de las lamas regulables y garantizan la intimidad en el interior de la vivienda.

El acristalamiento cenital, en suave pendiente, favorece además la entrada de un generoso baño de luz solar en la sala de estar y en la cocina de la vivienda.

Por otro lado, un pequeño jardín crece junto a la cocina, desde donde es visible a través de un gran paño corredero de vidrio. Este pequeño espacio verde constituye, al mismo tiempo, un área privada intermedia entre el corazón de los inmuebles vecinos y la entrada principal de la pequeña casa..

Facing south to guarantee maximum illumination and sunlight, the glazed walls have been protected with louvers that filter the incoming light and help to preserve the privacy of the inhabitants.

Orientados hacia el sur para garantizar el máximo de luz y soleamiento, los cerramientos acristalados han sido protegidos con lamas que difuminan la entrada de luz y ayudan a preservar la intimidad de los habitantes.

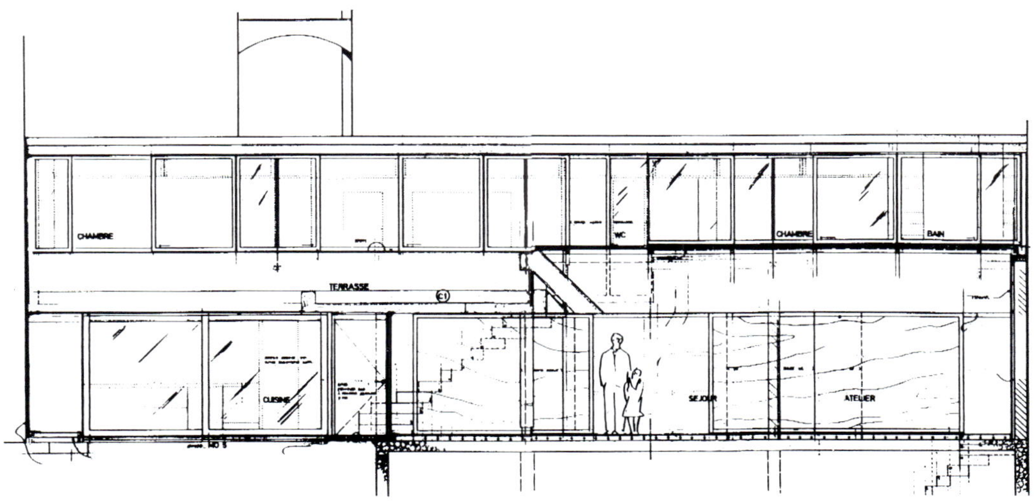

Transversal section / Sección transversal

David **Mikhail Architects**

London, United Kingdom

HOUSE AT POTTERY LANE

Photographs: Julian Cornish

David Mikhail Architects were asked to design a building –for use as an office or a home– on the site of two former garages on Pottery Lane, west London. Hemmed in on three sides, the only part of the site with acces to natural light was the north-east.

The lane, set within the notoriously conservative Borough of Kensington & Chelsea, comprised mostly nineteenth century two-storey mews houses. The developer nonetheless was keen to test quality modern product in an area of high property values and, given the varied architecture of the street, the planners were willing to be open-minded on the design approach.

To counter the limited plot size –the total floor area of the three storey house is only 121 square metres– the architects sought to exploit the available resources of light and local greenery. The scheme inverts the traditional Victorian house, locating living spaces on the upper floor for views and light. A key decision was to focus the living space with its picture window looking onto the garden across the road, with its lush fig tree and lawn.

The ground floor is set 600 mm lower than the road, helping to keep the two bedrooms warm in winter and cool in summer. This also made it possible to include a long mezzanine, a precious second floor, directly under the roof.

Natural light from the glazed roof spills down through the terraced arrangement of floors to the hallway so that, on entering, the house reveals itself over three floors. To minimise the impact of the mezzanine floor a monocoque glued plywood structure was devised.

Walls are treated as coloured planes, overlapping and hiding the bathrooms and kitchen from the street, and mediating the strident transparency of the facade with a more enigmatic presence. Also apparent from outside is a timber box, sitting directly over the entrance. This houses the shower-room, which is conceived like a ship's bathroom, with hardwood

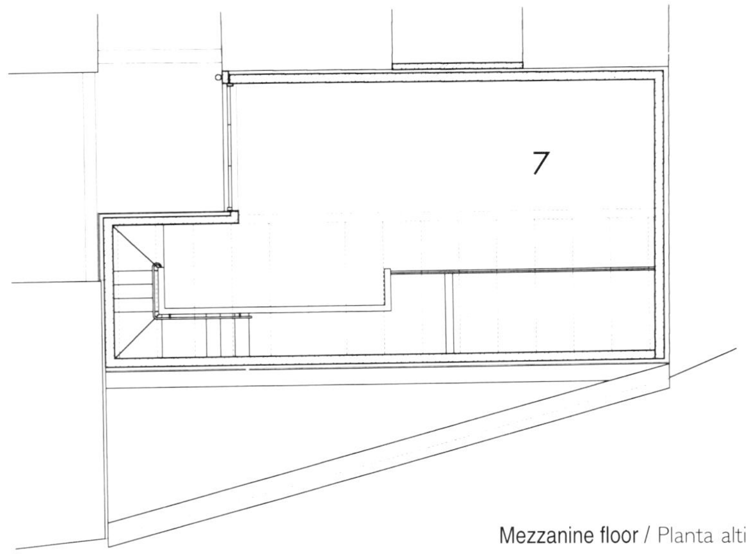

Mezzanine floor / Planta altillo

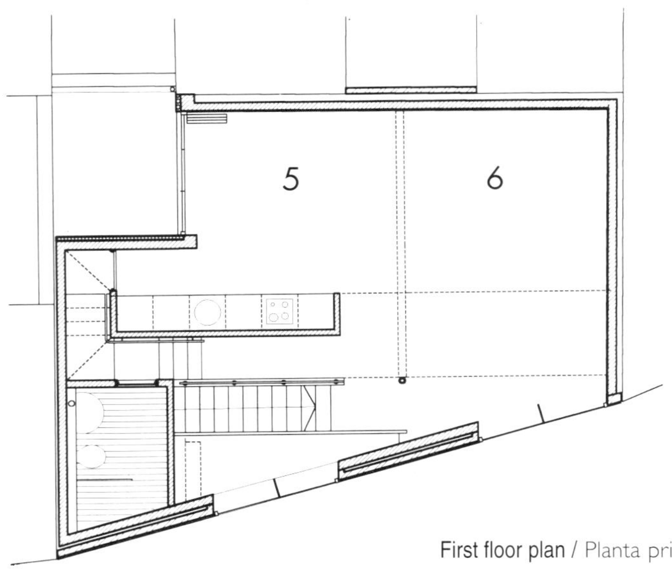

First floor plan / Planta primera

1. Entrance / Vestíbulo
2. Bedroom / Dormitorio
3. Bathroom / Baño
4. Patio / Patio
5. Kitchen-diner / Cocina-comedor
6. Living area / Sala de estar
7. Mezzanine - study / Altillo-estudio

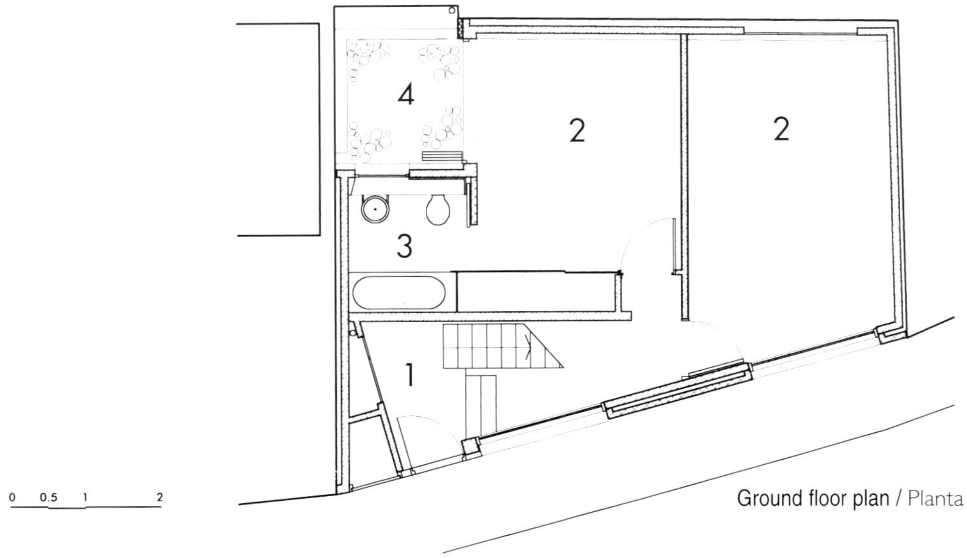

Ground floor plan / Planta baja

Adapting to the small dimensions of the site, this single-family house has the access floor slightly below street level. The building is inserted discreetly and is distinguished by two large openings that anticipate the brightness of the interior.

Adaptándose a las reducidas dimensiones del solar, esta vivienda unifamiliar tiene la planta de acceso ligeramente por debajo del nivel de la calle. El edificio se inserta de un modo discreto distinguiéndose por dos grandes aberturas que anticipan la luminosidad del interior.

decking and overhead lighting from a rooflight. On the other hand, the mezzanine, reached by a small stair tucked behind the shower room, is flooded with light from a full lenght glass roof. From here the crenellated rooftops of neighbouring terraces form the foreground to London skies and long views. Subjected to the changing seasons and weather, this is a place to work or reflect.

The house was to be easy and economic to maintain, so green techniques for insulation, natural lighting, heating and cooling were used as far as possible. The total heat loss at -5º is expected to be 7kw. Cooling is achieved through natural ventilation, combined with a computer controlled awning to the roof glazing.

El estudio de arquitectura londinense David Mikhail recibió el encargo de diseñar un edificio –que podría ser utilizado como oficina o como vivienda– en un solar en el que se levantaban dos antiguos garajes sobre Pottery Lane, al oeste de la capital británica.

Cerrado en tres de sus lados, la única entrada de luz natural en el solar provenía del noreste.

El callejón, ubicado dentro una zona de la ciudad bastante conservadora –los distritos de Kensington y Chelsea–, comprende, sobretodo, edificios de viviendas de dos plantas, construidos en el siglo pasado. No obstante, el promotor de esta obra estaba entusiasmado con la idea de probar el efecto de introducir un producto de arquitectura moderna en un entorno histórico, y, dada la variedad de lenguajes del pasado existentes en la calle, los proyectistas se vieron animados a plantear una actitud muy abierta ante el planteamiento del proyecto.

Con objeto de salvar el limitado tamaño de la parcela –las dimensiones totales de la vivienda, de tres alturas, es sólo de 121 metros cuadrados– los arquitectos trataron de explotar los recursos disponibles de luz y de vegetación

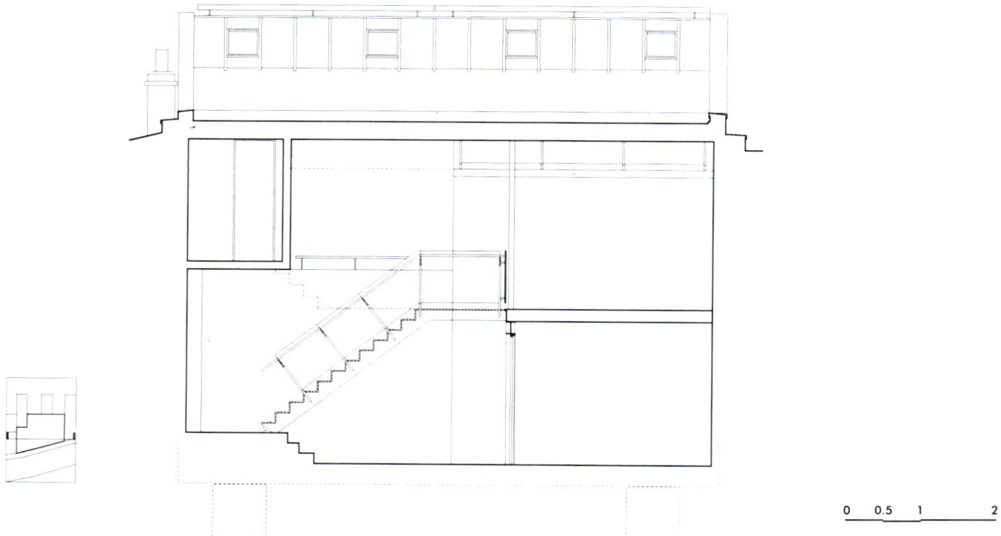

Longitudinal section / Sección longitudinal

On this page, a detail of the staircase that communicates the entrance area with the first floor. The steps and the wooden handrails contrast with the glass handrail anchored to the metal structure.

En esta página, detalle de la escalera que comunica la zona de ingreso con la primera planta. Los peldaños y el pasamanos de madera contrastan con la barandilla de cristal anclada a la estructura metálica.

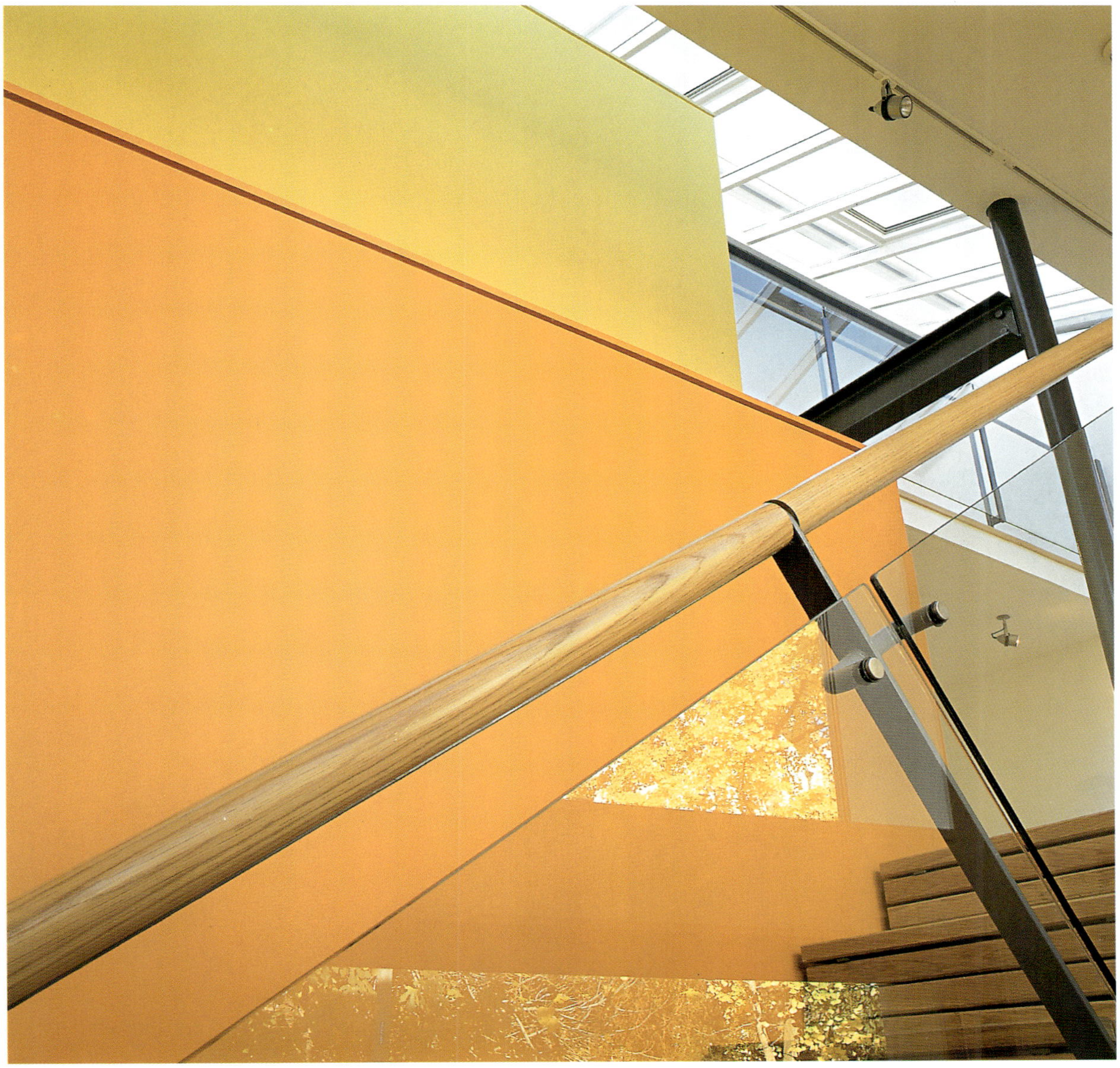

local. Por ese motivo, el esquema interno invierte el orden tradicional de la casa victoriana, colocando el estar en el nivel superior, donde se disfruta de las mejores vistas y de la mayor entrada de luz. En ese sentido, una decisión fundamental del proyecto fue centrar el espacio del salón ante un gran ventanal que mira hacia el jardín, con una exhuberante higuera y un espeso manto de césped.

La planta baja se coloca 600 mm por debajo del nivel de la calle, lo que contribuye a hacer más cálidos los dos dormitorios de la casa durante el invierno y más frescos en el verano. Esto también hizo posible incluir un gran altillo, un espacioso segundo nivel, justo bajo la cubierta.

La luz natural penetra en la vivienda a través de lucernarios sobre la cubierta y se filtra desde las terrazas de todas las plantas hasta el vestíbulo, haciendo que, desde la entrada, se tiene una completa vista de la distribución en tres niveles.

Con objeto de minimizar el impacto del nivel de altillo, se ha utilizado una estructura maciza de madera de haya barnizada. Por su parte, los muros han sido tratados como planos coloreados que se superponen y ocultan los baños y la cocina desde la calle, y median en la rotunda transparencia de la fachada con una presencia más enigmática.

Como una caja de madera, la zona de ducha se ha concebido a la manera de los baños de los

The subtle glass handrail allows complete vision of the orange wall, above which is the yellow kitchen wail.

La sutil barandilla de cristal permite una visión completa de la pared anaranjada por encima de la cual apunta el paramento amarillo que cierra la cocina.

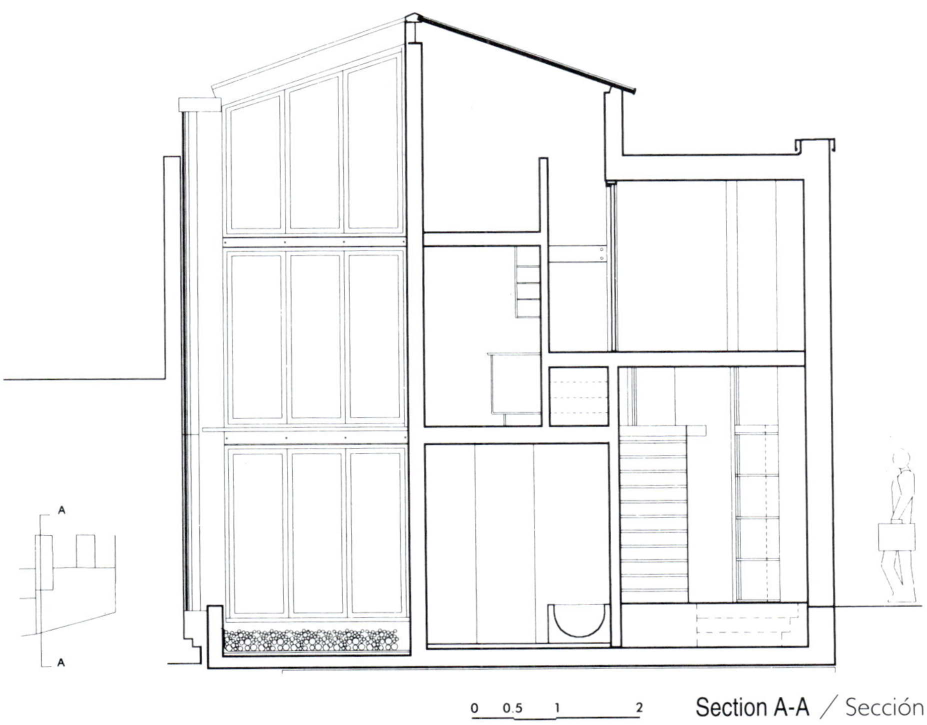

Section A-A / Sección A-A

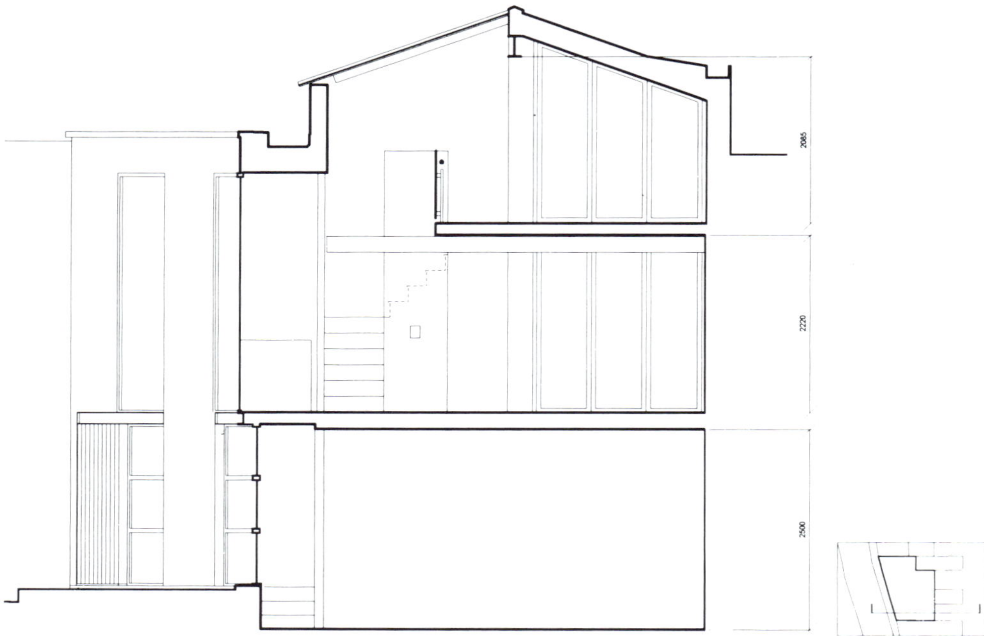

Cross section / Sección transversal

barcos, con el pavimento de madera náutica de junta abierta e iluminada a través de un lucernario.

El altillo, al que se llega a través de una pequeña escalera que se oculta tras el baño, es un espacio luminoso que recibe la luz desde una cubierta acristalada de toda su altura. Desde aquí se pueden contemplar amplias vistas de las almenas y torres de los tejados vecinos que conforman el perfil urbano de Londres. Sujeto a los cambios de estación y de clima, este espacio es un buen lugar para trabajar o reflexionar y relajarse.

La casa solía ser de mantenimiento fácil y económico, por lo que en la obra se aplicaron, en la medida de lo posible, técnicas bajo criterios ecológicos, a la hora de plantear el aislamiento, la iluminación y la climatización. La pérdida total de calor a los -5° se espera que sea 7kw.

Por su parte, el sistema de aire acondicionado combina la ventilación natural con un mecanismo de acristalamiento de la fachada controlado por ordenador.

Derek **Wylie Architecture**

Clerkenwell, London / UNITED KINGDOM

LEE HOUSE

Photographs: Nick Kane

In this block in Clerkenwell, a fashionable district of London, the architect had acquired a complex composed of a Victorian building with a shop on the ground floor and a workshop at the end of the court in order to work and live there with his family.

Surrounded by buildings, the narrow and deep plot was graced with little light and even fewer outside views. The project consisted therefore in conceiving fluid spaces in the existing structure and optimising the entrance of natural light by creating an interior court framed by the L-shaped ground plan. To take full advantage of this quiet space, floor-to-ceiling sliding glass panels are used and the court becomes the natural exterior elongation of the living room, whose furniture is equipped with rollers for a highly flexible layout.

Light penetrates the heart of the dwelling through skylights with a wood-covered steel structure that have been created above the kitchen and the mezzanine. Furthermore, the set-back alignment of the facade defined a space of transition between the street and the office and authorised the use of glass paving that provides direct lighting for the bathroom situated in the basement. In several forms glass facilitates the circuit of light from skylights toward the inside of the house. In the mezzanine covered with a glass roof, the floor is made of strips of glass and oak that constitute a semi-translucent floor. Outside, the small balcony also has a glass floor in order to avoid casting too much shade on the facade and the court.

This attention to the trajectory of light is found even in the kitchen elements clad in aluminium, of which the high cupboard doors are profiled in order to allow the light to slip from the glass roof toward the working area.

The materials used respond to criteria of simplicity and hardiness. An oak parquet laid on the whole ground floor including the staircase of the entrance accentuates the spatial continuity of this level, with the exception of a part of the kitchen in which the limestone paving of the court continues along the

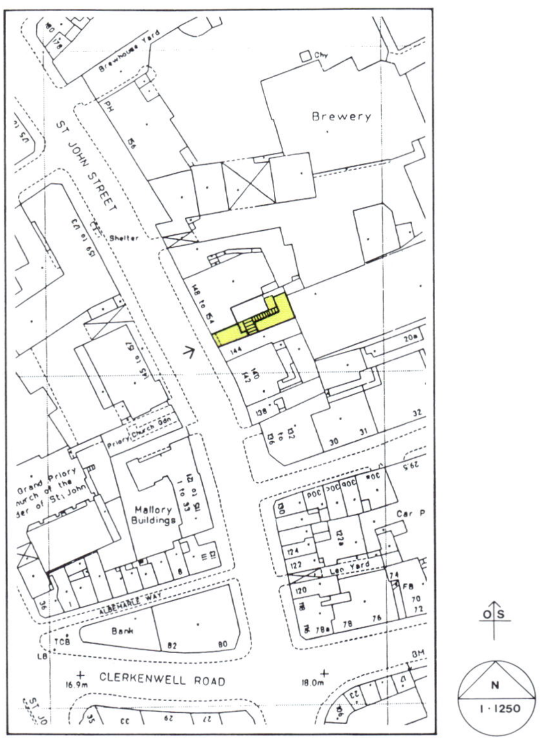

Site plan / Plano de situación

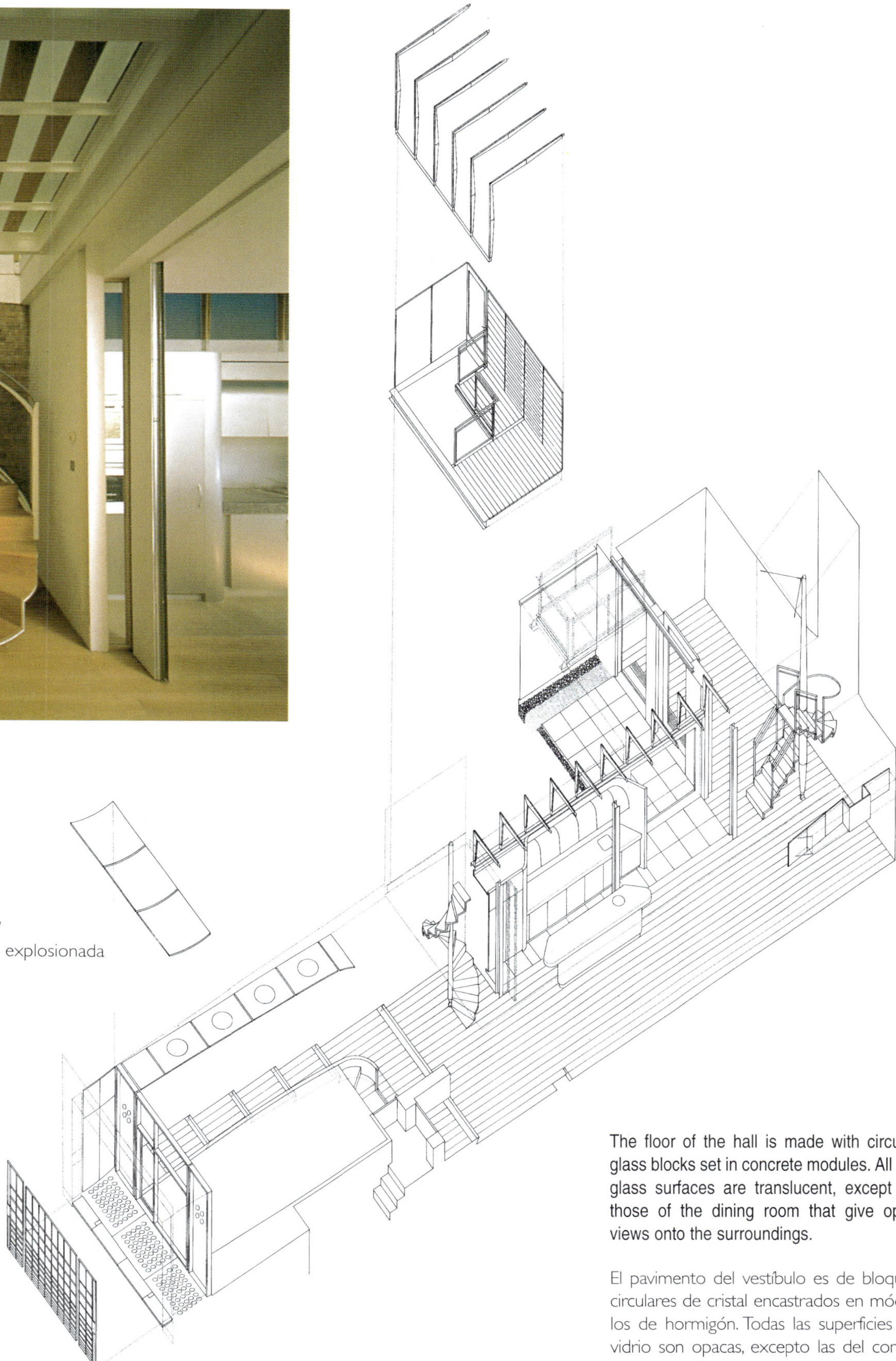

Exploded view
Axonometría explosionada

The floor of the hall is made with circular glass blocks set in concrete modules. All the glass surfaces are translucent, except for those of the dining room that give open views onto the surroundings.

El pavimento del vestíbulo es de bloques circulares de cristal encastrados en módulos de hormigón. Todas las superficies de vidrio son opacas, excepto las del comedor, que ofrecen amplias vistas hacia el entorno.

working plane. Drawn in the detail, the two new staircases with oak-clad steps are supported by a steel structure -of welded plates for the staircase of the mezzanine, and a tapered mast for the staircase at the rear.

Derek Wylie's project is sober and functional; the existing brick walls have been conserved as they were or just painted blank, a testimony to the history of places that is pursued by the architect.

En Clerkenwell, un distrito de moda en Londres, el arquitecto Derek Wylie adquirió un complejo compuesto por un edificio victoriano con una tienda en planta baja y un taller al fondo del patio, con objeto de trabajar y vivir allí con su familia. Rodeada de edificios, la profunda y alargada parcela ha sido reordenada con pequeños puntos de luz y pocas vistas al exterior.

El siguiente paso fue la creación de espacios fluidos dentro de la estructura existente y la optimización de entradas de luz natural, mediante la creación de un patio interior con planta en forma de L.

Con objeto de aprovechar al máximo este espacio tranquilo, se han colocado paneles correderos de vidrio, que van de suelo a techo y que integran el estar en él, como una prolongación del patio, y se ha equipado con mobiliario sobre ruedas que lo convierten en un ambiente versátil.

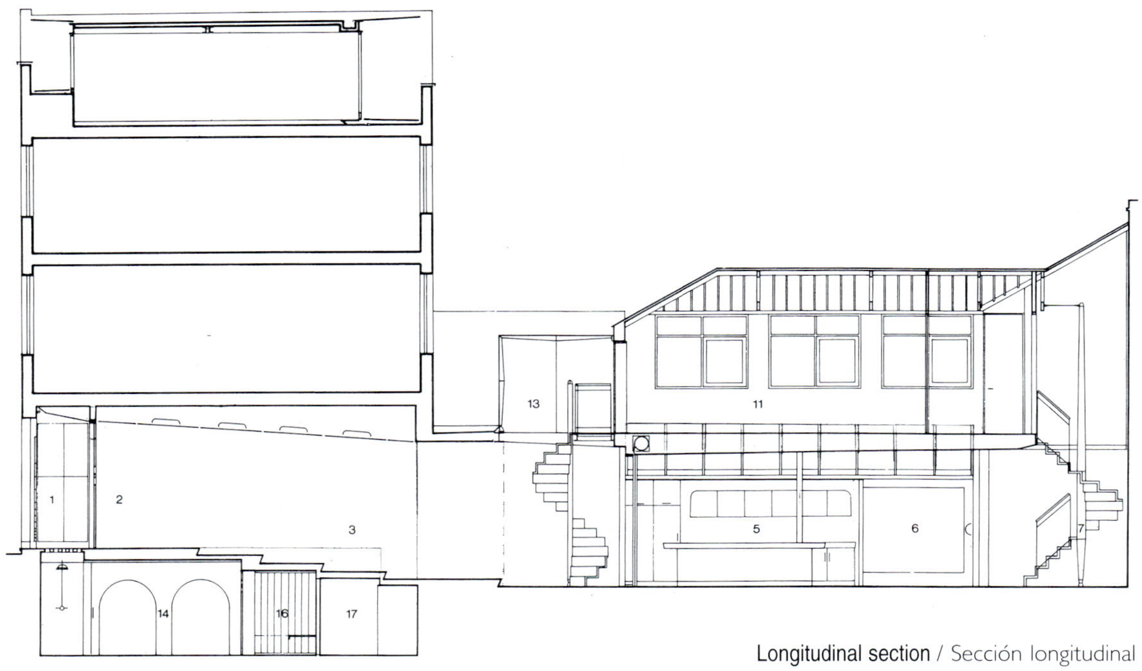

Longitudinal section / Sección longitudinal

1.street lobby / acceso 2.house entrance / entrada a la vivienda 3.stepped ramp / rampa escalonada 4.office / oficina 5.kitchen / cocina 6.dining / comedor 7.tv den / sala de tv 8.living / estar 9.courtyard / patio 10.pool / piscina 11.bedroom / dormitorio 12.balcony / balcón 13.void / doble espacio 14.bathroom / baño 15.mezzanine / entresuelo 16.sauna room / sauna 17.utility / instalaciones 18.adjoining roof / cubierta contigua 19.apartment entrance / entrada al apartamento

After Wylie's work, the resulting space exposes the structure of the original buildings, allowing the light and the space to flow freely between the different areas of the dwelling.

El espacio resultante tras la intervención de Wylie expone la estructura de las construcciones originales, permitiendo a su vez que la luz y el espacio fluyan libremente por entre las distintas áreas en que se estructura la vivienda.

La luz penetra en el corazón de la vivienda a través de diversos lucernarios de estructura de acero revestida de madera, que se superponen a la cocina y al nivel de altillo. Además, el retranqueo de la fachada define el espacio de transición entre la calle y el estudio, y permite la utilización de vidrio en la configuración del pavimento, lo que dota de luz natural al cuarto de baño, ubicado en la planta sótano. De alguna forma, el vidrio facilita también el flujo de luz desde los lucernarios hacia el interior de la vivienda.

En el altillo, cubierto de vidrio, el suelo se ha fabricado con bandas de cristal y madera de roble, constituyendo un pavimento semi translúcido. Fuera, el pequeño balcón también tiene el suelo de cristal con objeto de evitar fuertes claroscuros y sombras sobre la fachada y el patio. Esta atención a la trayectoria de la luz se concentra especialmente en la cocina, espacio revestido de aluminio, donde las altas puertas de los armarios se han perfilado con objeto de conseguir que la luz se deslice a través de la cubierta de cristal hasta el plano de trabajo.

Los materiales empleados en esta obra responden a los criterios de simplicidad y dureza. El parquet de roble que reviste todos los suelos de la planta baja, incluyendo la escalera de la entrada, acentúa el efecto de continuidad espacial de este nivel, con excepción de la zona de cocción de la cocina en la cual el suelo es una extensión del pavimento de piedra caliza del patio. Vistas en detalle, las dos nuevas escaleras con escalones de roble se sustentan en una estructura de acero –de planchas fundidas en el caso de la escalera del altillo y pulida en la del fondo.

El proyecto de Wylie es sobrio y funcional; los muros existentes de ladrillo se han conservado intactos y únicamente se les ha dado una mano de pintura blanca, como testimonio de la historia del lugar que el arquitecto persigue en su proyecto.

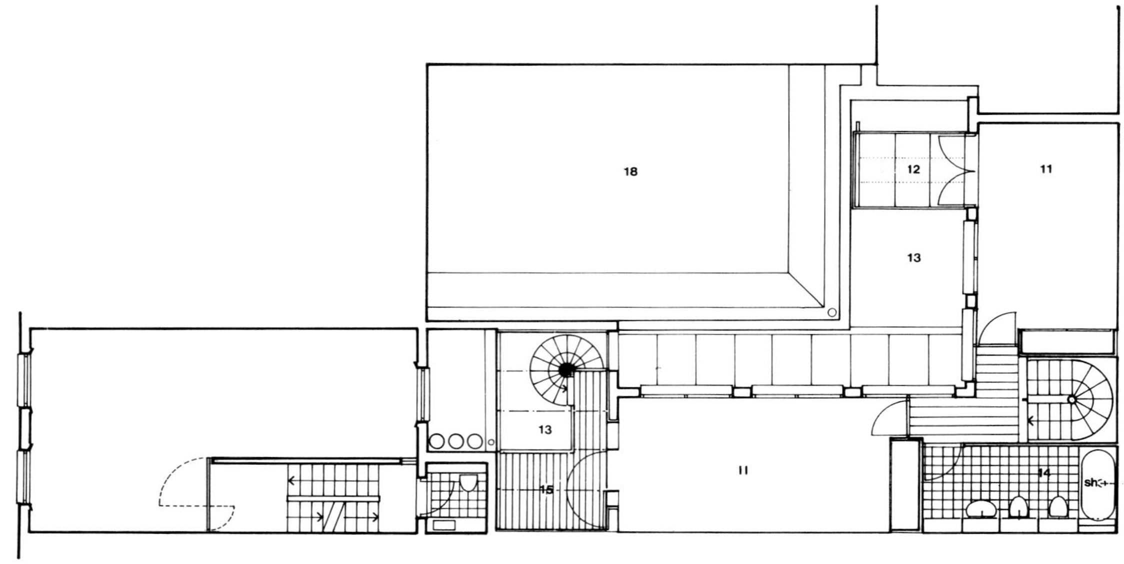

First floor plan / Planta primera

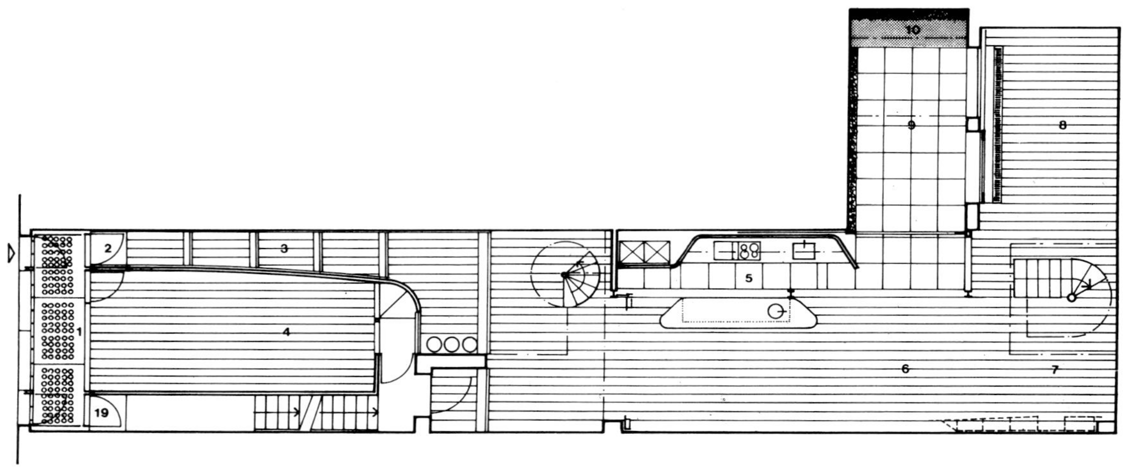

Ground floor plan / Planta baja

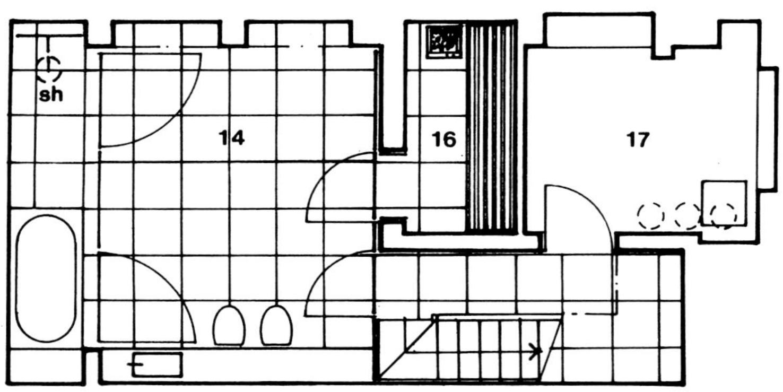

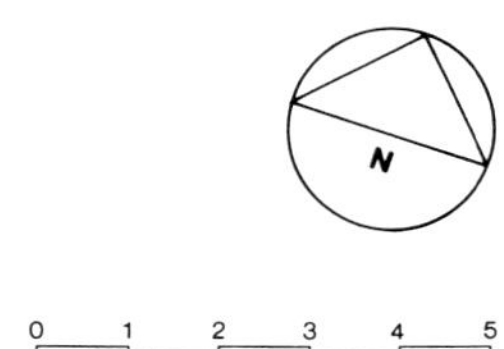

Basement floor plan / Planta sótano

In order to maximise the entry of natural light in all the rooms of the studio and the house, an inner courtyard L-shaped was created and becomes the focus of the structure.To take full advantage of this quiet space, floor-to-ceiling sliding glass panels are used and the court becomes the natural exterior elongation of the living room, whose furniture is equipped with rollers for a highly flexible layout.

Con objeto de maximizar la entrada de luz natural en las habitaciones de la vivienda y el estudio, se ha creado un patio interior en forma de "L", que se constituye como núcleo central de la estructura. Grandes paneles de vidrio, que van de suelo a techo, integran el área de estar en el patio, como una prolongación de éste último, y todo el área interior se ha equipado con mobiliario sobre ruedas que lo convierten en un ambiente muy versátil.

The photographs above this caption show some views of the staircases, and it shows how the alternate use of oak and translucent glass panels in the floor of the mezzanine enhances the sensation of light on the lower floors. To the left, a detailed view of the courtyard balcony.

Las imágenes sobre estas líneas muestran vistas de las escaleras, donde se observa cómo la alternacia de roble y placas de cristal traslúcido en el suelo del altillo, potencia la sensación de luz en las estancias inferiores. A la izquierda, imagen de detalle de anclaje del balcón sobre el patio.

To the left and below to this caption, one of the bathrooms, where outstands the yellow-painted wall behind the wash-basin, that hide several niches for storage, as it is shown on the pictures. A large mirror covers the wall to the right, amplifying the spatial sensation.
Below, a view of the basement bathroom and sauna. Here, the new materials are combined with ones that belong to the old building, as a testimony to the history that is pursued by Wylie in his whole work.

A la izquierda y bajo estas líneas, uno de los aseos, en el que destaca la solución del muro, a base de planchas de madera pitadas de amarillo, que ocultan distintos armarios, como muestran las imágenes. Un gran espejo cubre el muro de la derecha, ampliando la sensación espacial.
Debajo, vista del cuarto de baño-sauna de la planta baja. En éste se combinan los materiales nuevos con los existentes de la antigua construcción, como testimonio de la historia del lugar que Wylie ha perseguido en todo su proyecto.

Brandlhuber & Kniess

Arno Brandlhuber
Markus Emde
Bernd Kniess

Köln, Germany

EIGELSTEIN 115

Photographs: Lukas Roth

Inserted in a gap less than 3 meters wide, the structure of this infill block consists of concrete floor slabs cast into pockets cut in the existing party walls on each side.

Large areas of glazing allow views through the entire building and create a surprising sense of space internally. On the ground floor, these views end in a large glazed door protected by a metal mesh that portrays plant motifs.

The glass is fixed to storey-height metal members are the secondary angle supports framing the larch doors and windows.

Great importance was attached to creating a flush glass surface. The continuous areas of glazing are adhesive fixed to the suppporting structure with black silicone and secured with point fixings. On the street face, the glass has a pattern-printed surface.

Ubicada en un solar de menos de 3 metros de ancho, la estructura de este edificio consiste en un bloque de placas de hormigón armado encastradas en los huecos de los antiguos muros de partición en cada lado del volumen.

Grandes areas de cristal proporcionan vistas a través de todo el edificio y crean una sorprendente sensación de espacio interior. En planta baja, estas vistas desembocan en una gran puerta acristalada protegida por una trama metálica que recrea motivos vegetales.

El cristal está fijado a una estructura de metal que ocupa toda la altura de los forjados y constituye el segundo ángulo de soporte estructural de puertas y ventanas, el único elemento de soporte visible, que ha sido fabricado con madera de arce.

El proyecto ha concentrado una gran atención en la creación de un frente homogéneo de cristal tratado al ácido. Las áreas contínuas de cristal se han fijado de manera adhesiva a la estructura portante con silicona de color negro y puntos de fijación intermedios. Hacia el lado de la calle, las superfies de cristal han sido tratadas con una impresión decorativa.

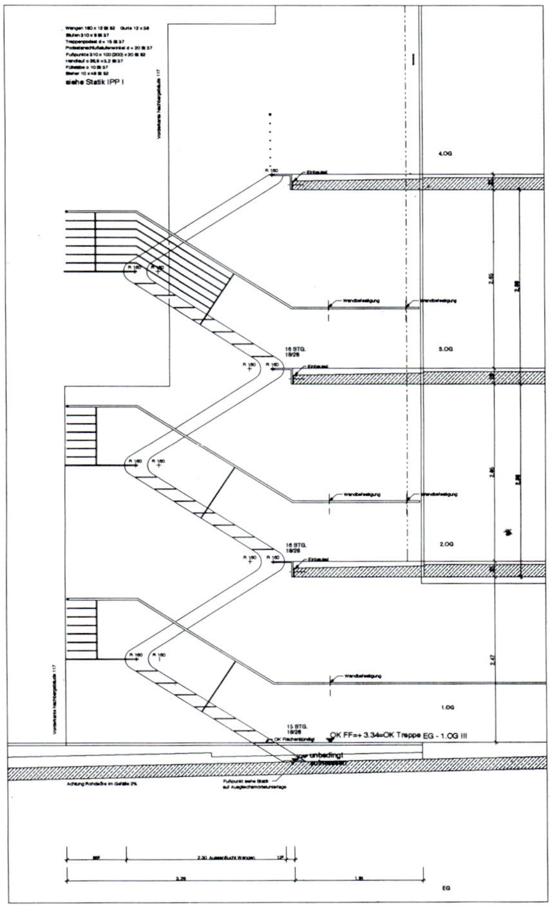

Constructive section of the stair / Sección constructiva de la escalera

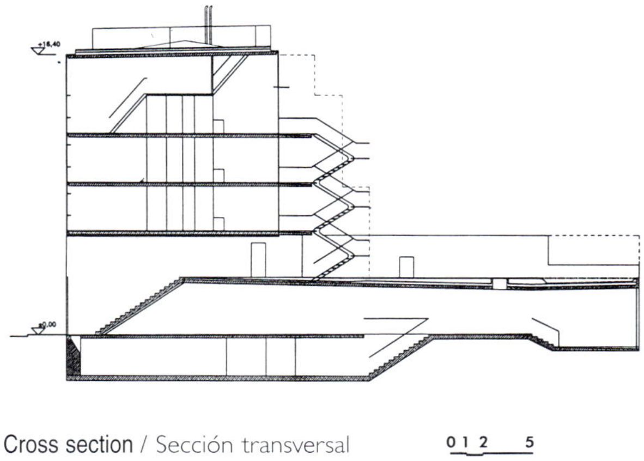

Cross section / Sección transversal

The large glazed surfaces are secured by means of metal frames embedded in the party walls and anchored to the floor slab.

Las grandes superficies de cristal se sujetan mediante carpinterías metálicas empotradas en las paredes medianeras y ancladas en la losa del forjado.

The metallic frames on facade have been fixed to the load-bearing structure with black silicon and intermediate anchor points. The only elements of the frames that are visible are the secondary supports of the doors and windows.

Las carpinterías metálicas de la fachada se han fijado a la estructura portante con silicona de color negro y se han asegurado con puntos de anclaje intermedios. Los únicos elementos de la carpintería visibles son los soportes secundarios de puertas y ventanas.

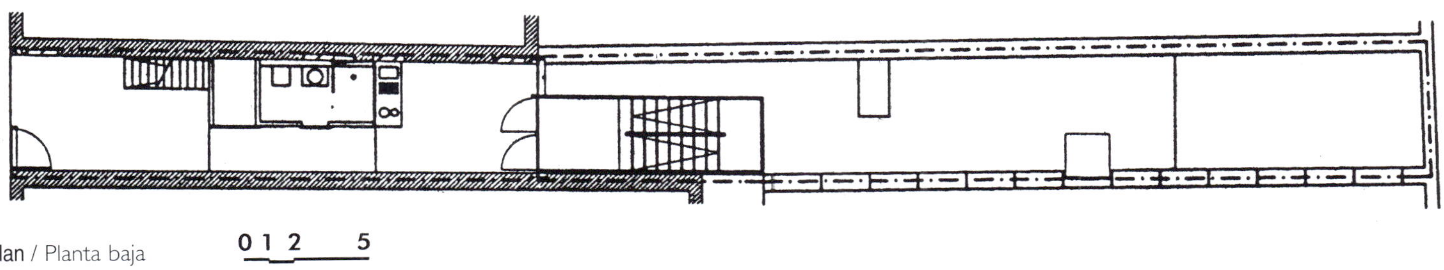

Ground floor plan / Planta baja

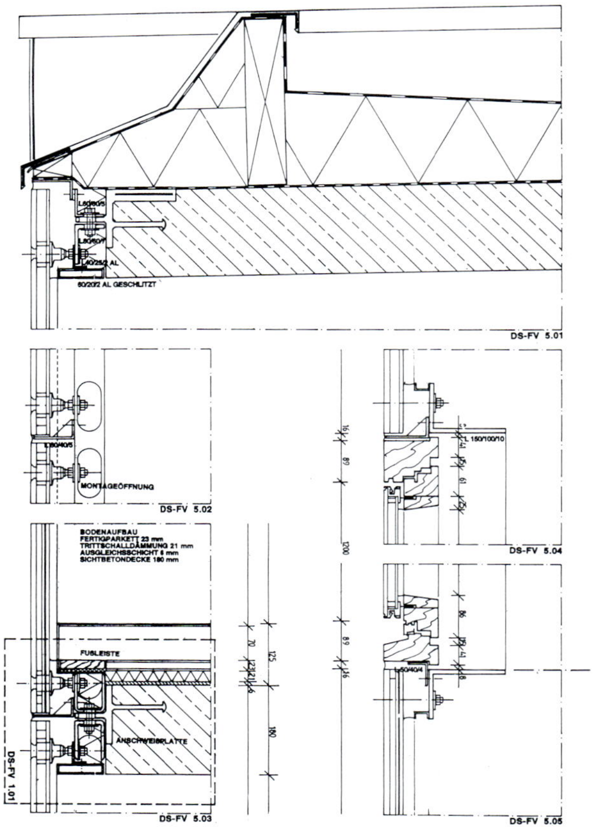

Constructive detail / Detalle constructivo

Large glazed surfaces give cross-views to the exterior from any angle of the building. On the ground floor, these views end in a large glazed door protected by a metal mesh that portrays plant motifs.

Grandes superficies acristaladas permiten obtener vistas cruzadas del exterior desde cualquier ángulo del edificio.
En planta baja, estas vistas desembocan en una gran puerta acristalada protegida por una trama de metal que recrea motivos vegetales.

Scheuring und Partner

Köln, Germany

SINGLE FAMILY HOUSE IN KÖLN

Photographs: Lukas Roth

Compared to other German cities Cologne was the most destroyed city during the Second World War. There are still lots of building gaps which testimony the destruction of this war.

The Cologne administration brought up a programme to register the building gap in a systematic way. It was difficult in different ways to find investors for the building gaps, therefore, the initiative to refill the gaps broke down for two years.

Designed for a family of five, the project of this house is built in one of these 4800 building gaps in Cologne. The building is only five meters wide. To its right there is a house built in the 30s, when all the houses of the street were built. One of the challenges of the project was to find an individual style for the building in order to mediate between different architectural styles: of the thirties, the sixties and the nineties.

On the other hand, the street is characterized by high birch-trees on both sides. The various lighting conditions, caused by the trembling of the birch-tree-leaves creates a very special atmosphere.

This atmospheric picture leads to the facade concept, a large surface of transparent glass, that connects the outside space with the inside.

The facade openings are as high as each floor, they are filled with wooden frames of Hemlock (wood of an American spruce).

A second facade skin is formed by small balconies with steel grating floors also by outside aluminium blinds. This facade is also a climatic protection as well as a contrast to the wooden frames behind.

Between the house and the street there is a garden 5 meters long. The main facade is set back to the row of the neighbouring house that results in a roofed over and sheltered entrance.

One of the main themes of the project is the spatial continuity. The open staircase at the centre links a series of split levels that culminate in an unoverlooked roof terrace.

The only dividing walls –to the bedrooms– can be repositioned if

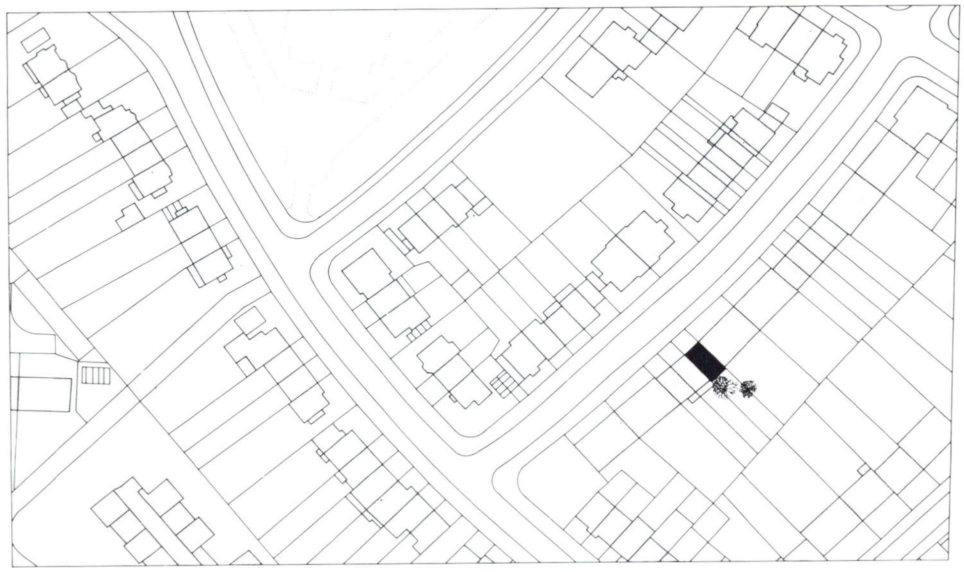

Site plan / Plano de situación

The rear courtyard is dominated by the presence of an old maple tree.
The facade, which is continuous and totally transparent, contrasts with the buildings of the thirties and sixties that surround it, and establishes a continuous relation between exterior and interior.

Un antiguo arce preside la zona abierta del patio posterior. La fachada, continua y totalmente transparente, contrasta con los edificios de años 30 y 60 que lo rodean, y establece una relación fluida entre el exterior y el interior.

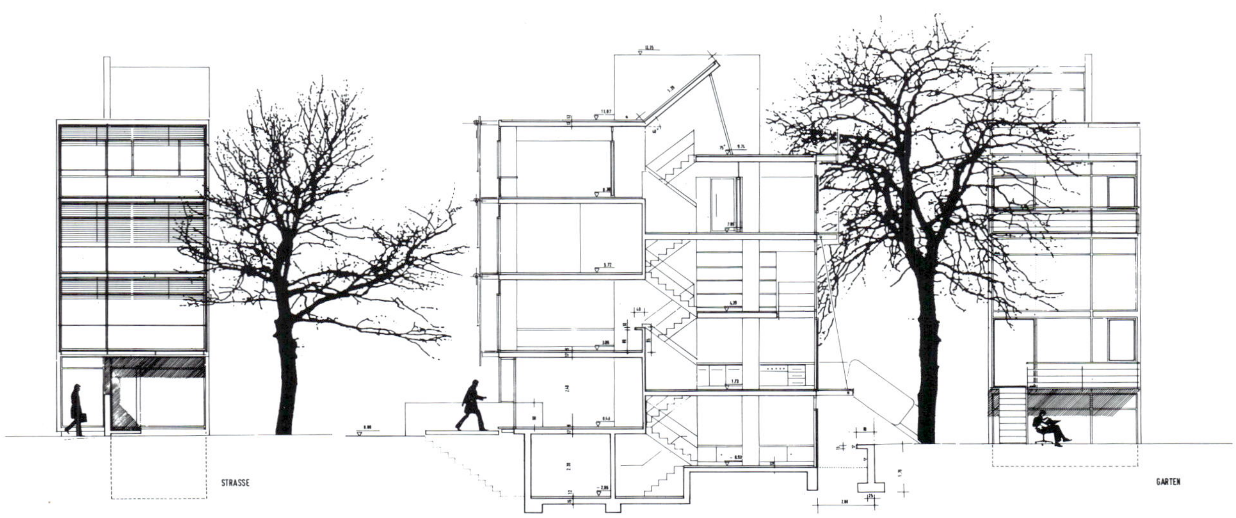

Elevations and cross section / Alzados y sección transversal

A gallery level, with an opening in the floor to the dining and living areas, creates additional visual links internally.

The fully glazed facades, which allow light to flood into the interior, also link indoor and outdoor spaces. The storey-height timber-framed windows, with sliding elements and fixed glazing can be screened with external blinds.

Narrow balconies with metal gratings form a second screening layer.

Comparada con otras ciudades alemanas, Colonia fue la urbe que resultó más dañada por la Segunda Guerra Mundial. Una enorme cantidad de solares y brechas urbanas testimonian aún los destrozos causados por el conflicto bélico.

El ayuntamiento de la ciudad estableció hace unos años el diseño de un programa que tenía como objeto controlar, de forma sistemática, los espacios vacíos mencionados. Por razones diversas, resultó muy difícil encontrar inversores para esos solares, por ello, la iniciativa de rellenar tales huecos de la ciudad se abandonó a los dos años de su puesta en marcha.

Diseñado para una familia de cinco miembros, el proyecto de esta casa se levanta en una de las 4800 superficies urbanas desoladas por culpa de la guerra.

La edificación sólo tiene cinco metros de anchura. A su derecha se levanta una vivienda construida en los años treinta, la misma época en que fueron edificadas todas las casas del entorno. En ese sentido, uno de los mayores desafíos del proyecto fue encontrar un estilo personal que singularizara el volumen, inmerso en un contexto mestizo de estilos arquitectónicos, de los años treinta, sesenta y noventa. Por otra parte, la calle en la que se enclava se caracteriza por altos hayedos a ambos lados de la acera. Las diferentes condiciones de iluminación natural que provoca el vaivén de los árboles crea un juego de claroscuro que contribuye a crear una atmósfera muy especial.

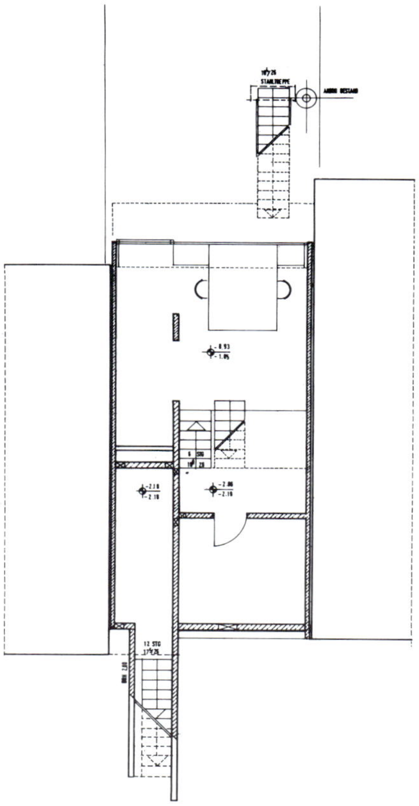

Basement floor plan / Planta sótano

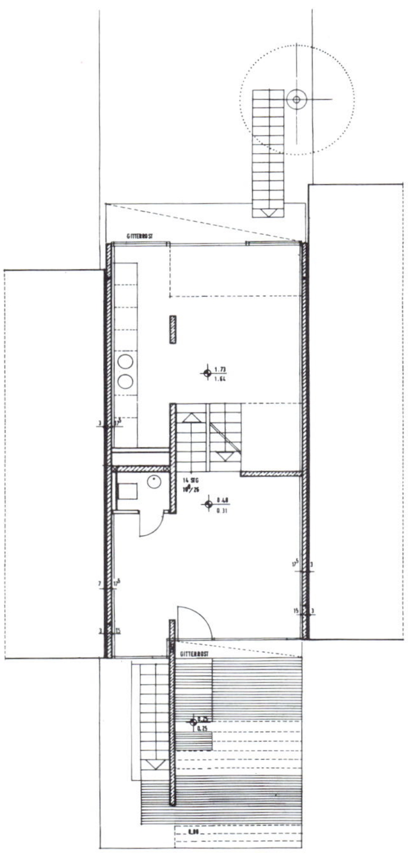

Ground floor plan / Planta baja

Esta imagen tan atmosférica explica el concepto de la fachada: un gran plano de vidrio transparente, que conecta el exterior con el interior en un fluido diálogo.

Las aperturas que perforan el frente principal del edificio ocupan toda la altura de cada planta, y se enmarcan con carpinterías de Hemlock (un tipo de madera extraída de la picea americana).

Una segunda piel de la fachada está formada por pequeños balcones con malla de aluminio en el suelo y plancha exterior metálica. Esta fachada es también un elemento de protección climática, donde constrasta el perfil de las carpinterías de madera.

Entre la casa y la calle hay un jardín de cinco metros de longitud. La fachada principal se retranquea ligeramente para igualarse a la línea de fachada de la vivienda vecina, lo que resulta en una cubierta que cubre a modo de marquesina la puerta de entrada.

Uno de los temas principales del proyecto es la continuidad espacial. La escalera abierta en el centro de la misma enlaza una serie de niveles que culminan en una gran terraza protegida que se extiende sobre la cubierta. Los únicos muros divisorios –en la partición de los dormitorios– pueden ser recolocados si los inquilinos así lo desean. Un nivel de galería, con un gran vano en el suelo que mira hacia el salón y el comedor, constituye un elemento más de enlace visual entre las habitaciones.

Las fachadas, totalmente acristaladas, permiten la entrada de un torrente de luz en la vivienda y, al mismo tiempo, establece un fluido diálogo entre el interior y el exterior. Los enormes ventanales enmarcados con carpinterías de madera, combinan piezas correderas y fijas, que pueden ser cerrados con toldos exteriores.

De otro lado, los alargados balcones con barandillas metálicas, configuran un segundo nivel de protección sobre la fachada.

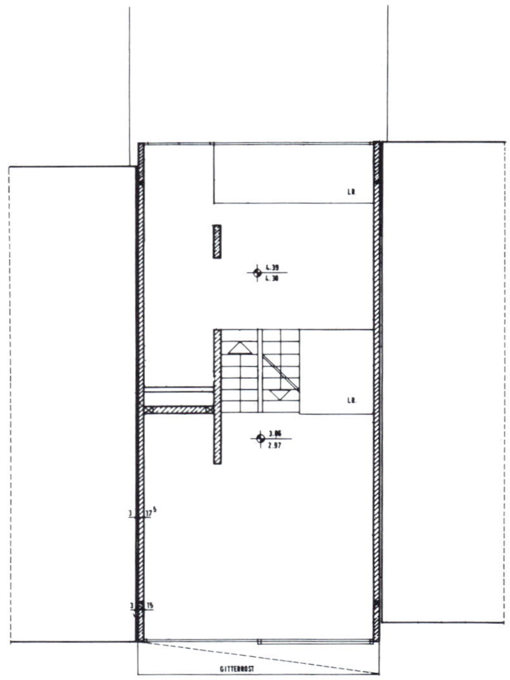

First floor plan / Planta primera

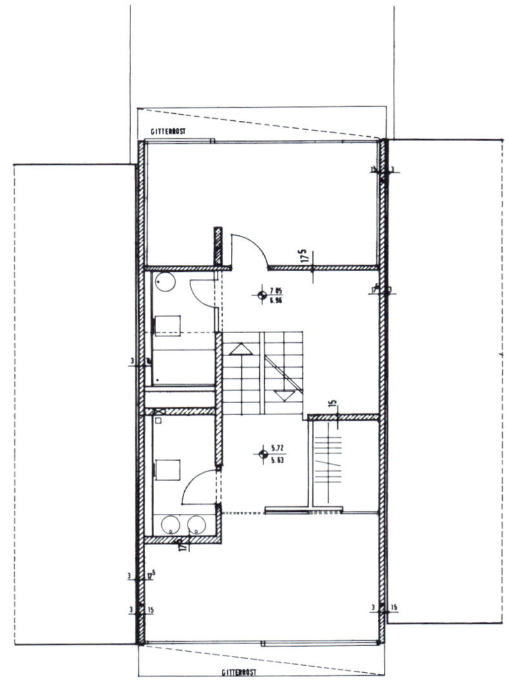

Second floor plan / Planta segunda

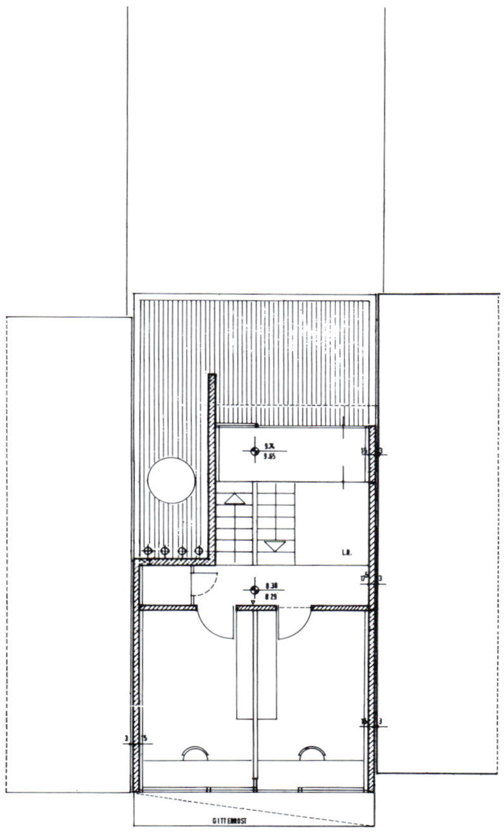

Third floor plan / Planta tercera

0 1 2 4

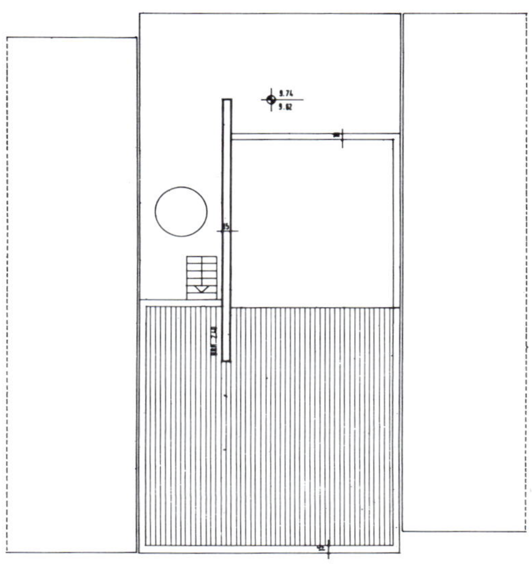

Upper level floor plan / Planta nivel superior

The floor-to-ceiling openings on the rear facade are made with cicuta wood.
As a second skin there are small balconies with metal grid floors and aluminium blinds. These act as climatic protection and establish a point of contrast with the wooden frames.

Las aberturas de la fachada posterior, realizadas con madera de cicuta, abarcan toda la altura entre forjados.
Como segunda piel del edificio se superponen pequeños balcones con pavimento de rejilla metálica y persianas de aluminio. Estos actúan como protección climática y establecen un punto de contraste con las carpinterías de madera.

Bjarne Mastenbroek

De architectenroep rijnboutt
ruijssenaars hendriks van
gameren mastenbroek
& MVRDV

Utrecht / The Netherlands

DOUBLE HOUSE UTRECHT

Photographs: Christian Richters

In this Utrecht double villa the wall occupies a dominant position as a zigzagging partition between the two dwellings (and has been left in view on the exterior as a result). Paradoxically, it is virtually disregarded as a structural element.

The architects opted for a cube shape, vertically divided into two dwellings occupying a third and two thirds of the space respectively.

To give the occupants of the smaller block a sizeable living room, the living rooms of each dwelling intrude into the volume of the other.

This gave rise to a meandering party wall that gave flexibility for the spatial organisation of the villa.

The architects hark back here to building practices of times when the walls had to be structurally thick enough to allow hollows to be scooped out of them.

This villa is in effect a stacking of hollow cavities interconnected by open staircases and voids, the only enclosed areas being the bedrooms, small contained boxes suspended in space.

Almost none of the walls are positioned one above the other. Only the head elevations rise to the full height of the building. Columns were ruled out by the architects since they felt these would mar the spatial impact of the cavities. And as they wished to make the facade as transparent as possible with full-height windows, creative methods had to be devised to give the building sufficient stiffness. This play of forces was intimately resolved using pre-stressed beams,

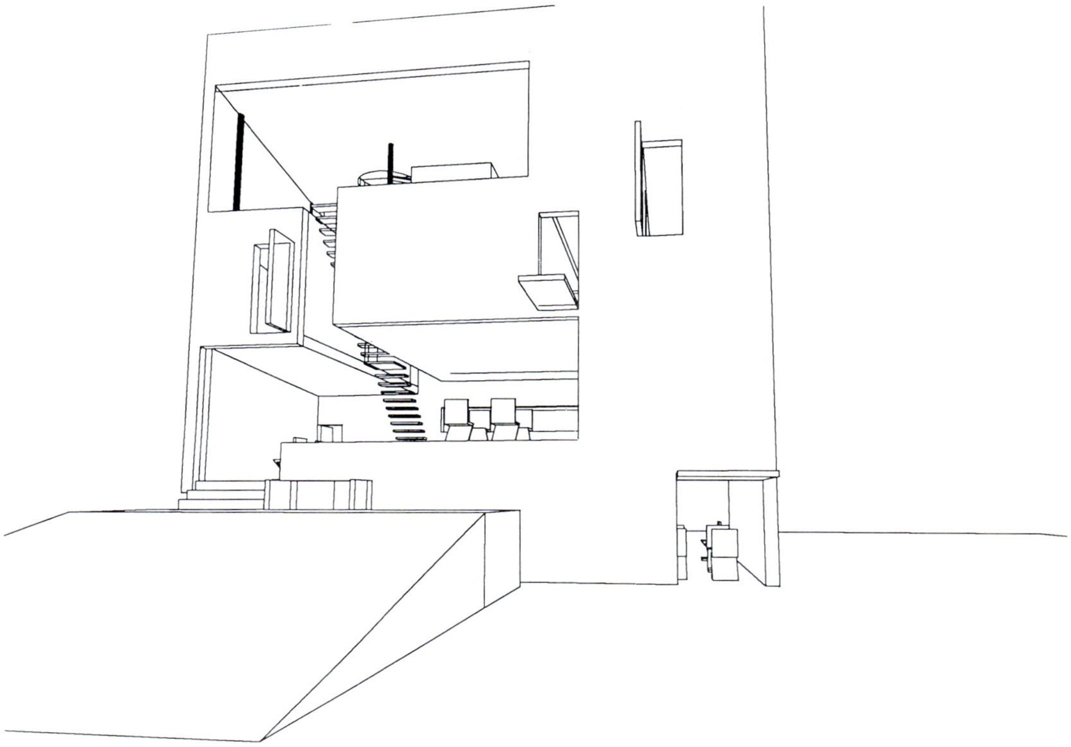

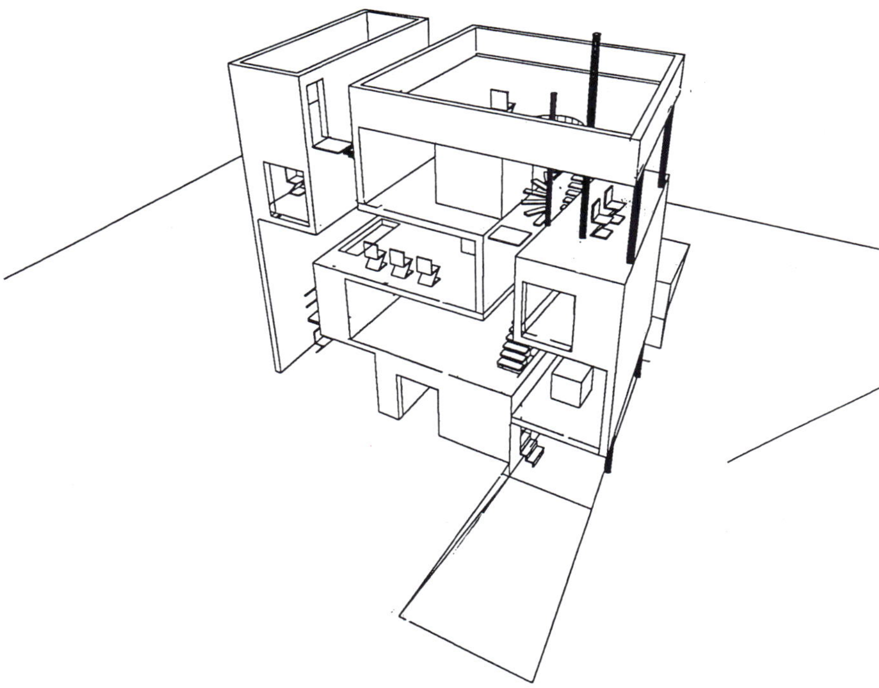

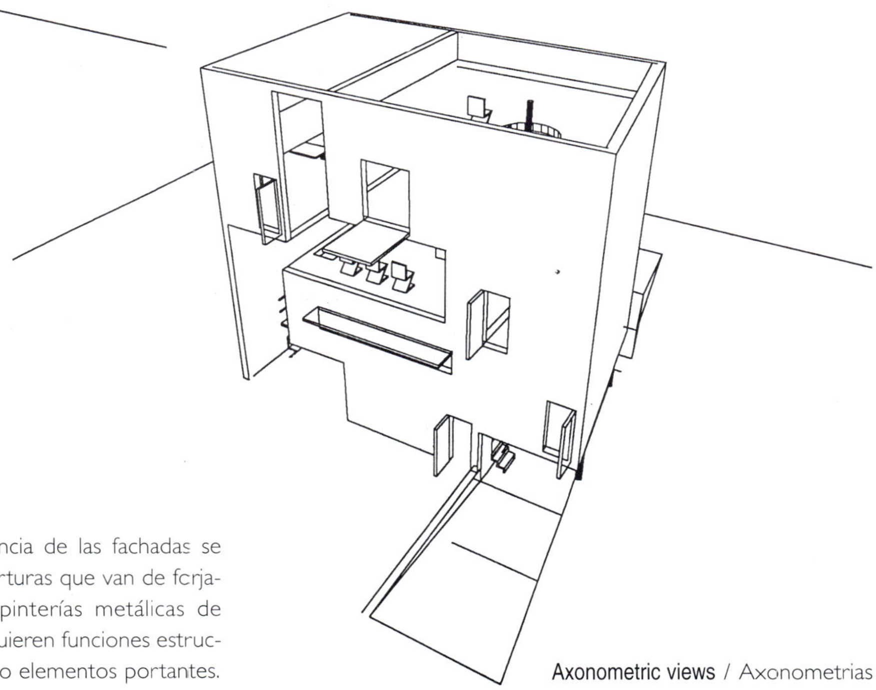

The complete transparency of the facades is achieved by means of floor-to-ceiling openings. The metal frames of doors and windows acquire structural functions and work as loading-bearing elements.

La completa transparencia de las fachadas se consigue mediante aberturas que van de forjado a forjado. Las carpinterías metálicas de puertas y ventanas adquieren funciones estructurales trabajando como elementos portantes.

Axonometric views / Axonometrias

steel rods and cleverly positioned concrete balconies.

The levels in the right-hand dwelling create very fine loft-like open spaces organised in a horizontal sandwich. The left-hand dwelling is more labyrinthine. Its cavities are vertically arranged around an axis of two stacked but slightly staggered voids. From the kitchen on the ground floor the inhabitants can see right up to the roof eleven metres above.

If spatially interesting as living space, the long narrow rooms are not very practicable. For this reason, the living room on the third floor provides a welcome break from the verticality of this dwelling.

The bathroom with its fully glazed wall opens onto the roof terrace, a high parapet around the roof guaranteeing privacy though a section of it can be lowered for an unobstructed view of the park. And the roof terrace offers a permanent view of the cathedral spire.

A distinctive feature of the double villa is the façade. It is unusual in that it was not designed. The only finishing details in the facade are the sturdy wooden shuttering boards that clad the concrete sections.

En esta doble vivienda, construida en la ciudad holandesa de Utrecht, el papel del muro es fundamental, como partición en zig-zag entre las dos viviendas , que determina también la configuración exterior, desde donde resulta visible. Paradójicamente, se ha descuidado como elemento estructural.

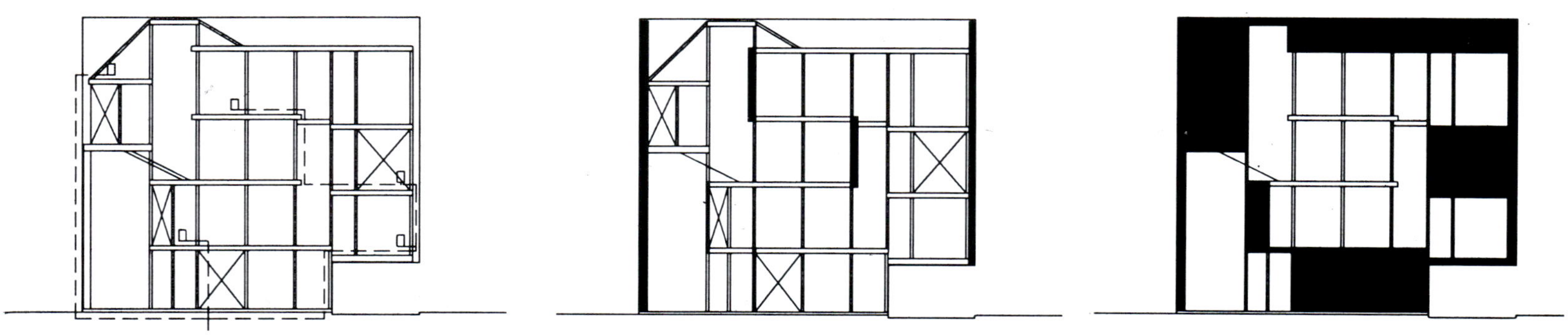

Functional schemes that show, from left to right, the drainage system, the structural stability in north-south direction and windowless facade planes
De izquierda a derecha, esquemas funcionales que muestran el sistema de drenaje, la estabilidad estructural en sentido norte-sur y planos opacos de la fachada.

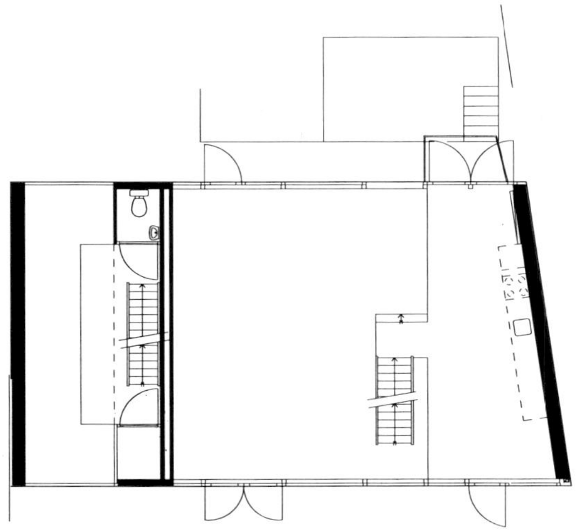

First floor plan / Planta primera

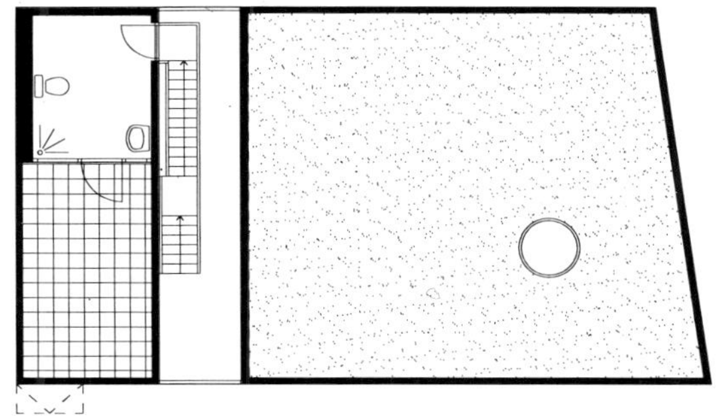

Upper level floor plan / Planta nivel superior

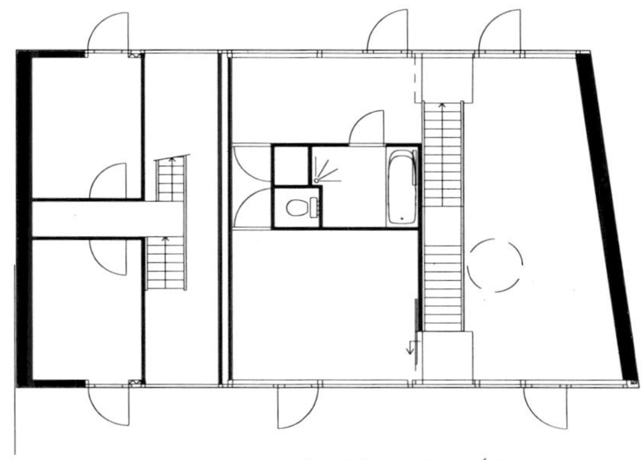

Third floor plan / Planta tercera

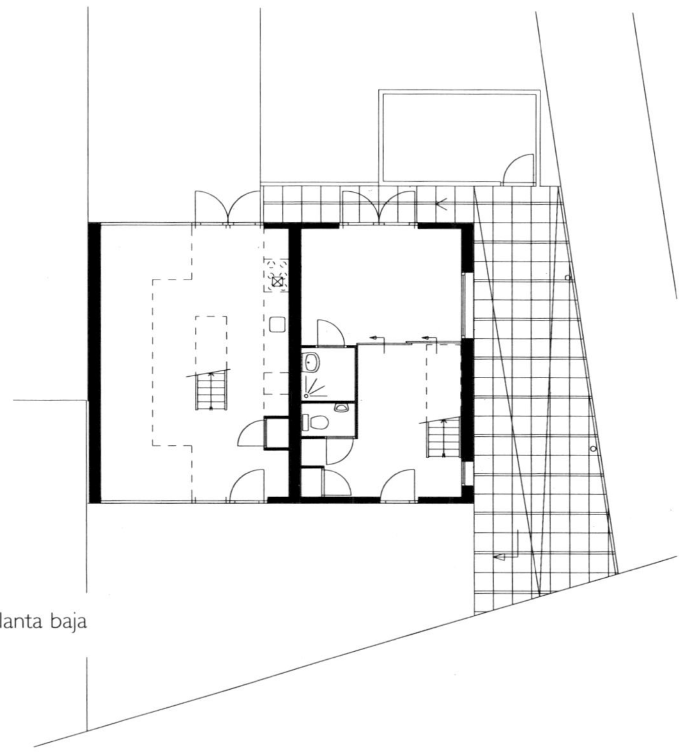

Ground floor plan / Planta baja

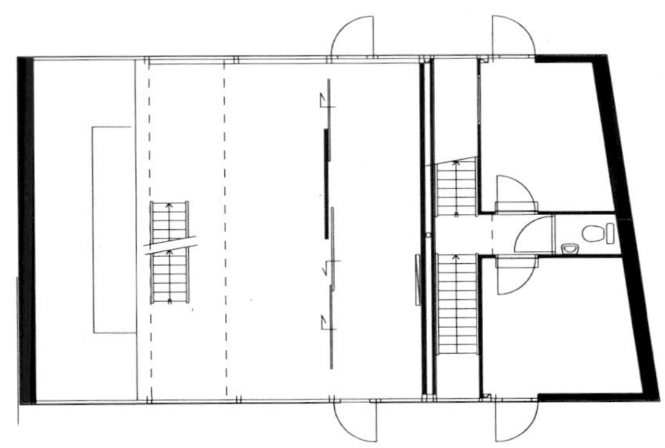

Second floor plan / Planta segunda

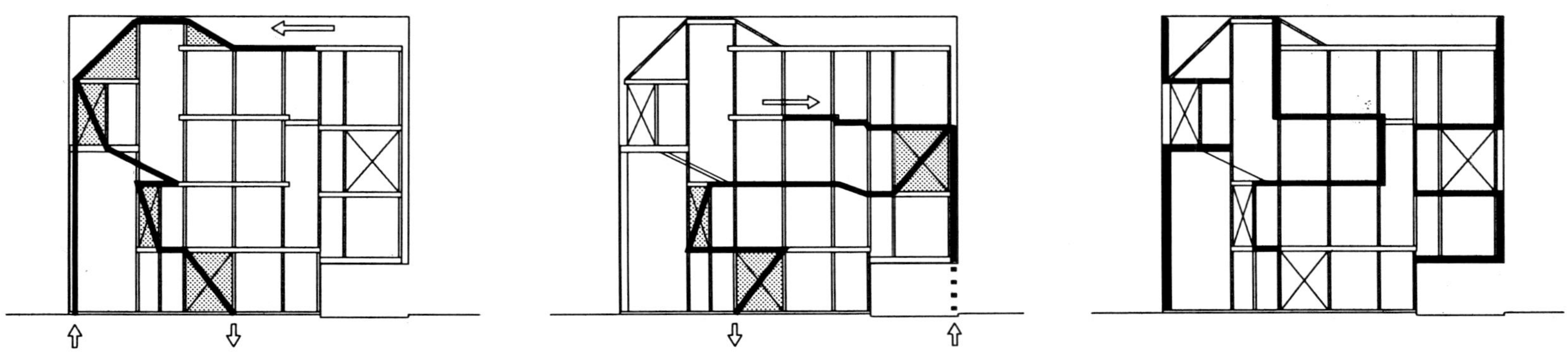

Sequence of schemes that show the general distribution of forces in the building and in the level 4 (left and centre drawings) and party wall and head elevations.
Secuencia de esquemas que muestran la distribución de fuerzas general y en el nivel 4 del edificio (zquierda y centro) y alzados y particiones interiores (derecha).

El equipo de proyectistas, procedentes de los estudios holandeses Architectengroep y MVRDV Architecten, han optado por la forma cúbica dividida verticalmente en dos apartamentos que ocupan un tercio y dos tercios del espacio, respectivamente.

Con objeto de proporcionar a los ocupantes del bloque más pequeño un estar de medidas considerables, las salas de cada apartamento invaden el volumen del vecino. Esto provoca un serpenteante muro de partición que deriva en una flexible organización espacial.

De este modo, los arquitectos han retomado, de algún modo, prácticas constructivas de épocas en las que los muros tenían que ser estructuralmente lo bastante gruesos como para permitir abrir huecos en ellos.

Esta edificación es, en efecto, una secuencia de vanos interconectados por escaleras abiertas y huecos, donde las únicas áreas cerradas son los dormitorios, unas pequeñas cajas suspendidas en el espacio. Casi no hay un sólo muro colocado encima de otro. Sólo los alzados principales se elevan en toda la altura del edificio.

Las columnas fueron descartadas por los arquitectos, que pensaron que éstas podrían hacer peligrar el impacto espacial de los interiores. Como éstos proyectaban diseñar una fachada lo más transparente posible con ventanas de gran altura, se tuvieron que ingeniar algunos trucos constructivos para dar al edificio suficiente solidez.

Este juego de fuerzas fue resuelto mediante el uso de vigas pretensadas, barras de acero y balcones de hormigón sutilmente colocados.

Las plantas del apartamento de la derecha crean espacios abiertos tipo *loft* organizados verticalmente. Por su parte, el apartamento de la izquierda es más laberíntico. Aquí, los espacios se desarrollan verticalmente en torno a un eje de dos vacíos estrechos y asombrosos. Desde la cocina de la planta baja se

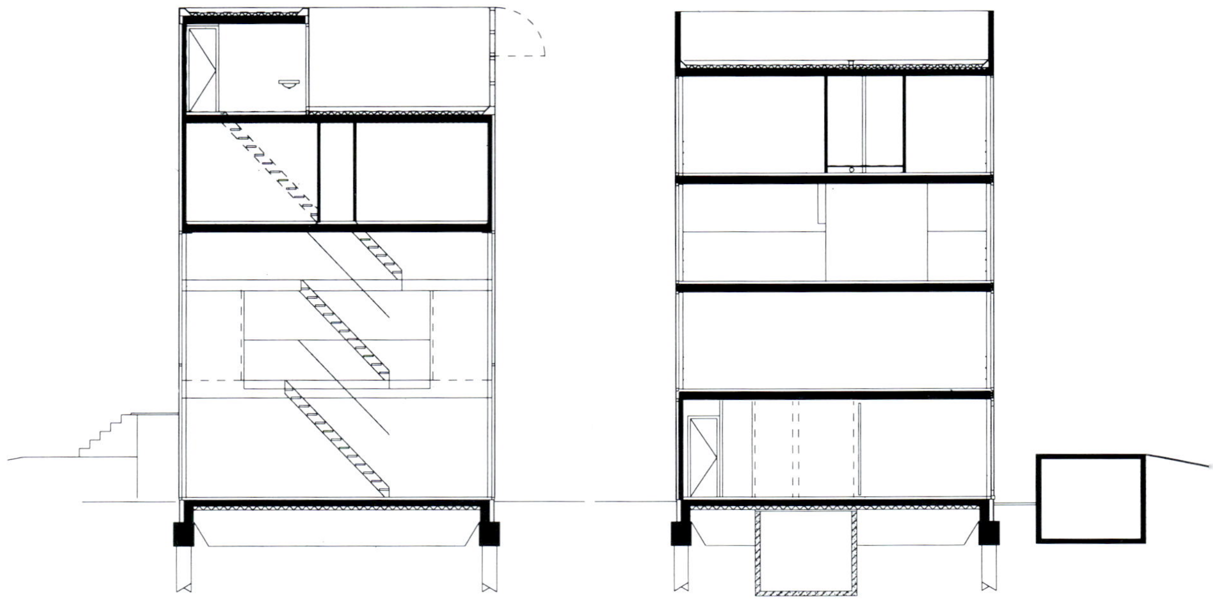

Cross sections / Secciones transversales

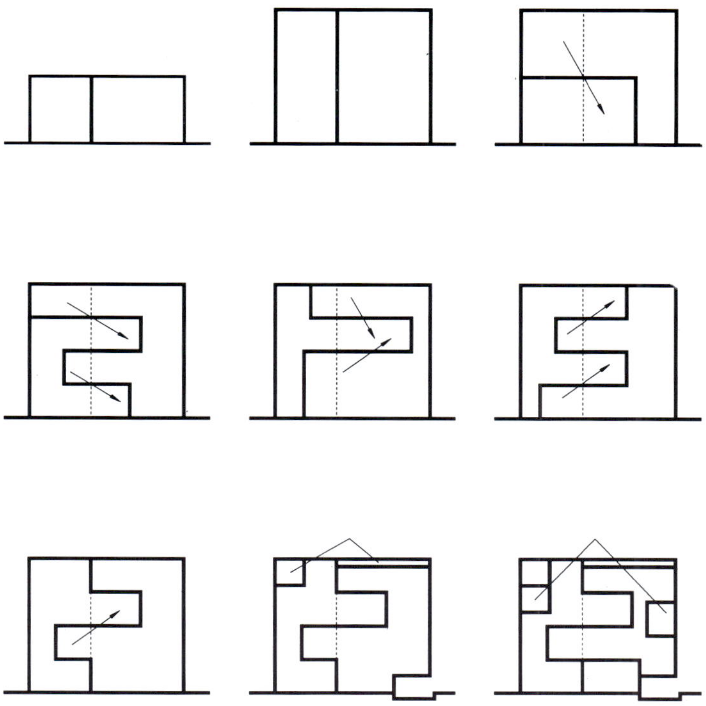

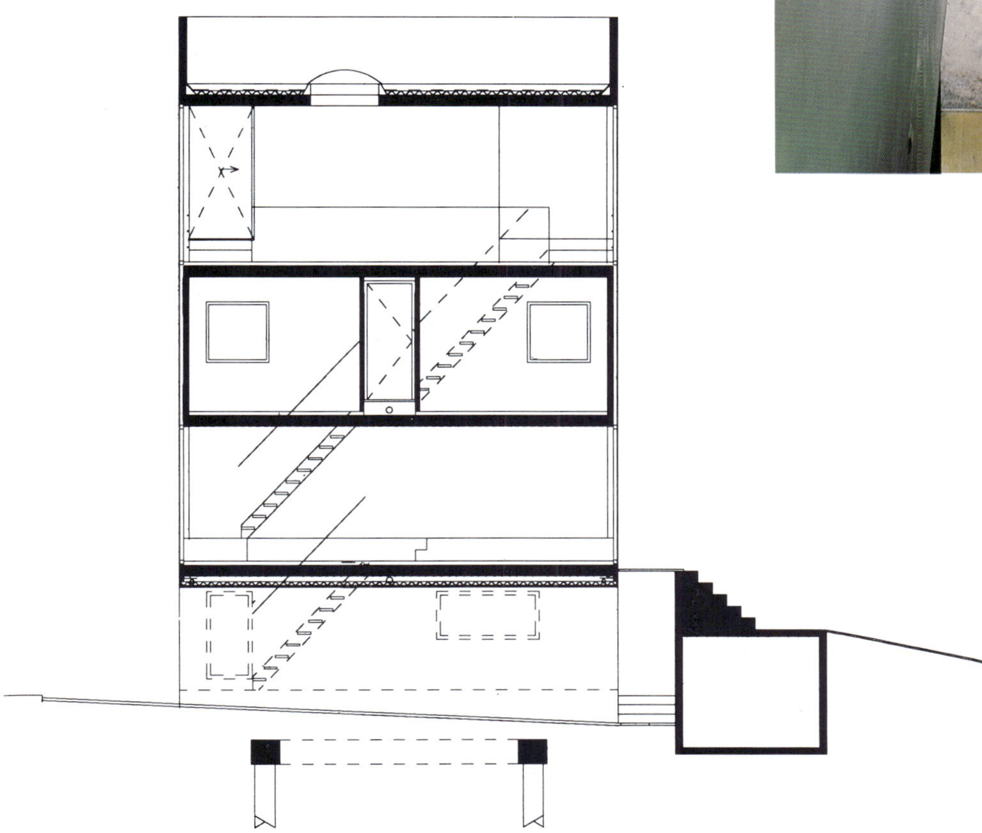

Cross section / Sección transversal

The different floors are intercommunicated by open staircases and are structured transparently, guaranteeing a flexible spatial organisation.
The only closed rooms are the bedrooms, which seem to be small and surprising containers suspended in the space.

Las distintas plantas, intercomunicadas por escaleras abiertas, se estructuran de forma diáfana, garantizando la flexibilidad de su organización espacial.
Las únicas estancias cerradas son los dormitorios, que aparecen en el espacio como pequeños y sorprendentes contenedores suspendidos en el espacio.

puede ver el tejado colocado once metros por encima. Si este área resulta muy interesante como espacio habitable, las habitaciones largas y estrechas no son muy practicables. Por esta razón, el estar de la tercera planta proporciona un agradecido punto de ruptura en la verticalidad del apartamento.

El baño, con su muro vidriado, se abre hacia la terraza de la cubierta, un alto parapeto alrededor del tejado que preserva la privacidad, pese a que una parte puede bajarse y obtener unas generosas vistas del parque. Por otra parte, la terraza de la cubierta ofrece vistas permanentes de la torre de la catedral

Uno de los rasgos más distintivos de la edificación es la fachada. Es inusual porque no está diseñada, los únicos detalles de acabados en ella son las contraventanas de robusta madera que cubren las secciones de hormigón.

Axonometric views
Axonometrías

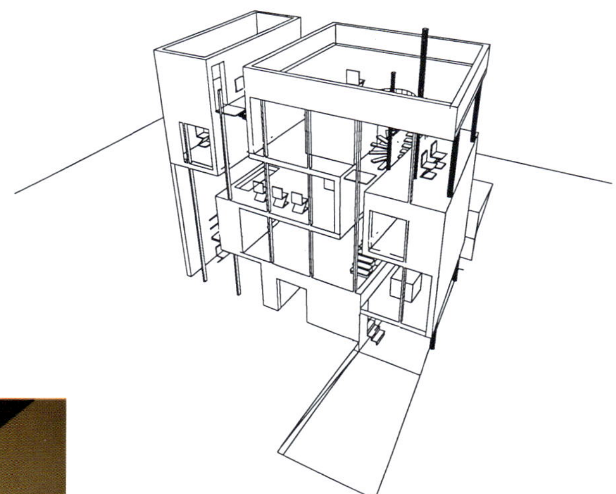

The left hand dwelling –left picture– is the more labyrinthine. Here, the living room is hollowed out of the neighbour's volume on the third floor which provides a welcome break from the verticality of the dwelling.

El apartamento del lado izquierdo –foto junto a estas líneas– es el más laberíntico. En él, el estar se excava en la planta tercera de la vivienda vecina, lo que proporciona una interesante ruptura en la marcada verticalidad del apartamento.

The interiors of both dwellings are open and diaphanous. Columns, pillars and any kind of visual obstacle were ruled out by the architects. Also, the spaces are planned as a very illuminated rooms, with full height windows.

Los interiores de las dos viviendas se caracterizan por su diafanidad. El proyecto elude las columnas, pilares y cualquier tipo de obstáculo visual. Además, se plantean como espacios bañados por generosas entradas de luz, a través de vanos de gran altura.

Cross section
Sección transversal

Studio **Archea**

Val Seriana, Bergamo / ITALIA

ABITAZIONE UNIFAMILIARE A LEFFE

Photographs: Alessandro Ciampi, Pietro Savorelli

The brief for this project consisted in the replacement of the interior of a historical building in the town of Leffe near the Italian city of Bergamo in the Seriana valley, on a narrow site that was seriously limited by the two adjoining buildings.

The scheme, carried out by the young Italian architects of the Studio Archea group –integrated by Giovanni Polazzi, Laura Andreini y Marco Casamonti–, was based on the total demolition of the existing building and the complete reconstruction, starting from a new foundation plane that made it possible to create an underground level.

Also, the particular conditions of the site and the required distances from the adjoining buildings, led to the design of facades that were very different from the original ones.

In close contact with the adjoining buildings, the facades are blind, without any type of windows, so the walls appear to be torn by horizontal strips that cause an unusual play of light and shade, both at night and during the day.

The four floors of the dwelling are organised as follows: the ground floor houses the kitchen and the double height dining room; the first floor houses the day area, and the upper floors the night area, which is also subdivided into two levels.

On the other side, in the access area, a large atrium of triple height extends the space vertically and connects all the floors of the house visually, which makes a very fluid *promenade architectural* through the house's interior.

On the rear facade of the building there is a very narrow space between the new volume and the adjoining buildings.This resulted in the design of a peculiar system of blinds with a structure of stainless steel coated in oxidised copper that occupies the whole surface of the facade facing the valley.

The design of this mobile wall emphasises the formal motif of the main facade, which is perforated with long narrow openings in the skin of Santa Fiora stone.

The rear facade is characterised by the presence of a particular system of blinds with a structure of stainless steel and a cladding of oxidised copper. The design of this mobile wall emphasises the formal motif of the main facade, perforated with long narrow openings.

La fachada posterior se caracteriza por la presencia de un particular sistema de persianas con estructura de acero inoxidable y revestimiento de cobre oxidado. El diseño de este cerramiento móvil enfatiza el motivo formal de la fachada principal, perforada con aberturas estrechas y alargadas.

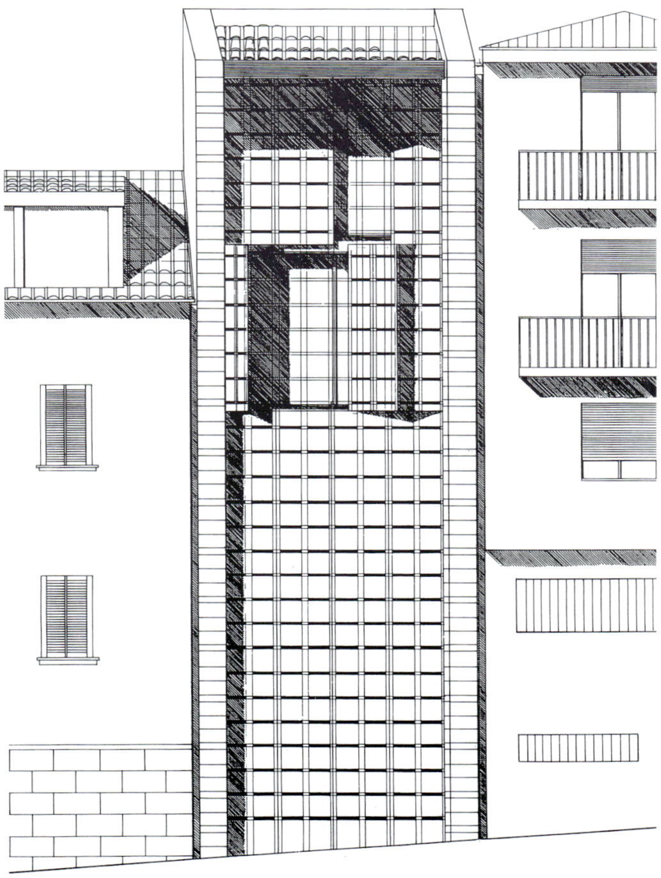

Rear elevation / Fachada posterior

On this side of the building the entrance is protected with a large cornice, also clad in copper, which defines the main entrance to the building and casts a large shadow over it, creating a very expressive effect.

El encargo para la realización de esta obra consistía en la clásica sustitución del interior de un edificio histórico en la localidad italiana de Leffe, una población bergamasca ubicada en el tranquilo valle Seriana, dentro de un estrecho solar que quedaba fuertemente limitado por los dos edificios contiguos.

La actuación, realizada por los jóvenes arquitectos integrantes del grupo Studio Archea –compuesto por Giovanni Polazzi, Laura Andreini y Marco Casamonti–, se ha basado en la demolición total de la construcción preexistente y en la completa reconstrucción del edificio, partiendo de un nuevo plano de cimentación, que ha permitido la creación de un nivel subterráneo.

Además, las particulares condiciones del lugar y las distancias que se debían respetar frente a un sistema articulado de edificios limítrofes, ha llevado a la realización a un diseño de fachadas muy cambiado respecto al proyecto original.

Esos frentes, en estrecho contacto con los edificios contiguos, se han definido de forma ciega, sin ningún tipo de ventanas, de manera que los muros aparecen rasgados por haces horizontales, que provocan un singular juego de luces y sombras, tanto de noche como de día.

La distribución de las cuatro alturas de la vivienda organiza en planta baja las areas de cocina y comedor, este último de doble altura; en el primer nivel, la zona de día y, por último, en las plantas superiores, la zona de noche, subdividida también en dos niveles. Por su parte, en el área de acceso, un volumen triple verticaliza el espacio de la casa en un gran vacío que enlaza visualmente todas las plantas de la casa, creando un fluido *promenade architectural*, a través del paisaje interior de la vivienda.

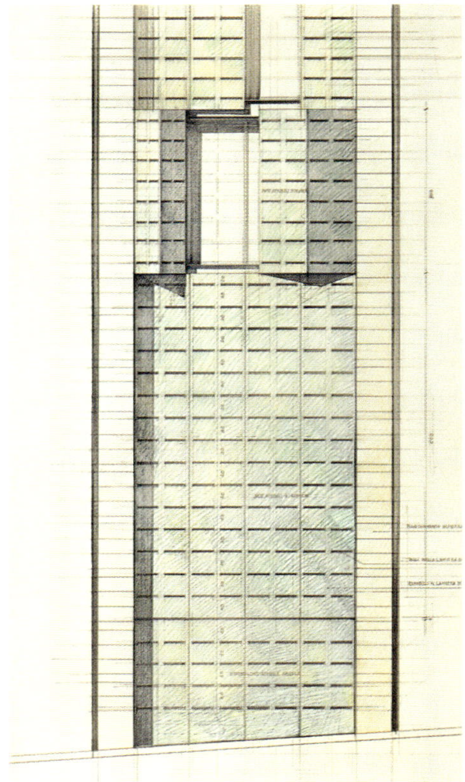

Rear elevation / Fachada posterior

La fachada posterior se caracteriza por su hermetismo ante el escaso espacio comprendido entre los edificios contiguos y el nuevo volumen. Esto ha resultado en la proyección de una estructura singularizada por la presencia de un sistema particular de persianas con estructura de acero inoxidable revestida de cobre oxidado, que ocupa toda la superficie del frente de la construcción hacia el valle.

El diseño de este cerramiento móvil enfatiza el motivo formal de la fachada principal, perforada con aberturas estrechas y alargadas que se abren sobre la piel de piedra de Santa Fiora que reviste todo este frente del edificio. Además, en este lado de la construcción la entrada está protegida con una gran cornisa, también revestida de cobre, que delimita con sus generosas dimensiones la entrada principal al edificio, proyectando sobre ésta una gran sombra, provocando un expresivo juego de claroscuro sobre la fachada.

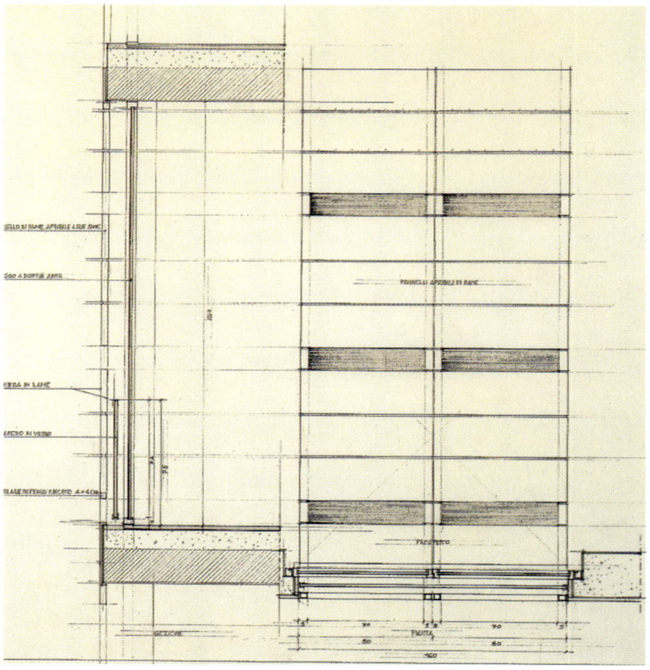

The facade, closely related to the adjoining buildings, has no openings. However, it is crossed by beams of light that penetrate through a succession of small fissures in the wall clad in "Santa Fiora" stone.
A large cornice crowns the construction, casting a generous shadow over the facade.

La fachada, estrechamente relacionada con los edificios contiguos, carece de aberturas. Sin embargo, estrechos haces de luz se filtran en el interior a través de una sucesión de pequeñas fisuras abiertas en el muro revestido de piedra "Santa Fiora".
Una gran cornisa remata la construcción, proyectando una generosa sombra sobre la fachada.

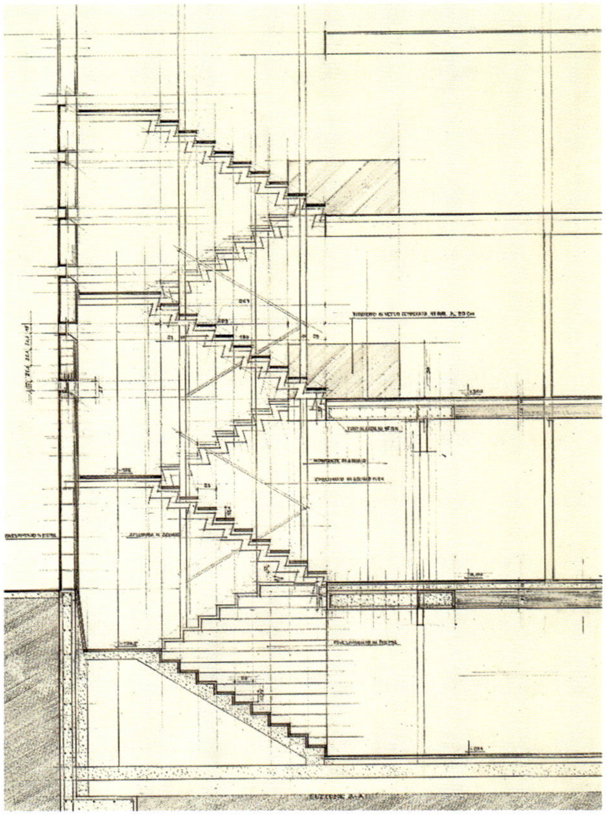

Transversal section / Sección transversal

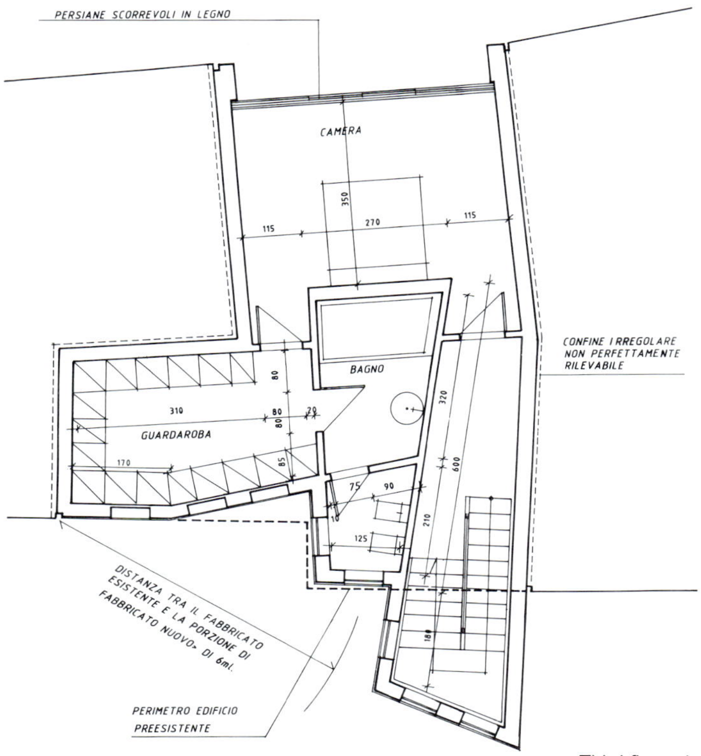

Third floor plan / Planta tercera

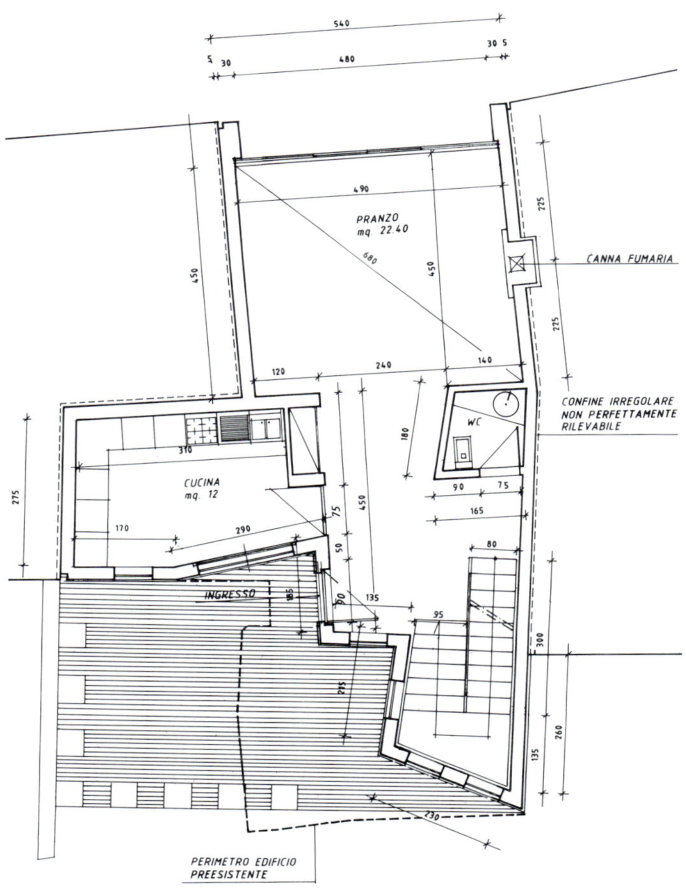

Ground floor plan / Planta baja

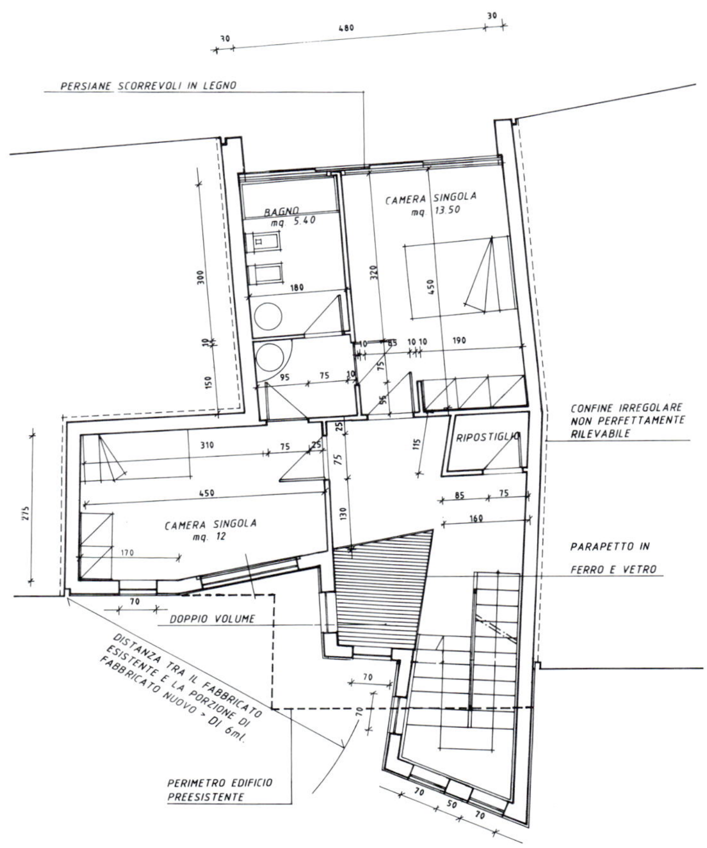

Second floor plan / Planta segunda

Yoshinari **Shioda**

Tokyo / JAPAN

HOUSE TAK

Photographs: Shinkenchiku-sha

The site is part of a large terraced area that slopes gently down to the Tamagawa river to the north. It is about three meters higher than a road to the north and two meters lower than the neighbouring site to the south.

The husband is an auto enthusiast, and so a two-car garage and entry are placed at ground level (level with the road to the north), while living accommodation for a family of four is provided above. Beside the garaje there is a small hall leading to the upper floors.

The upper level plan is divided into three zones, imagined as three gardens, and spaces for various functions are distributed north-south in conjunction with the gardens. Each area is given its own and strong character.

A circulation route penetrates these areas and while relating to the gardens creates an endless path beginning at the ground-level entry.

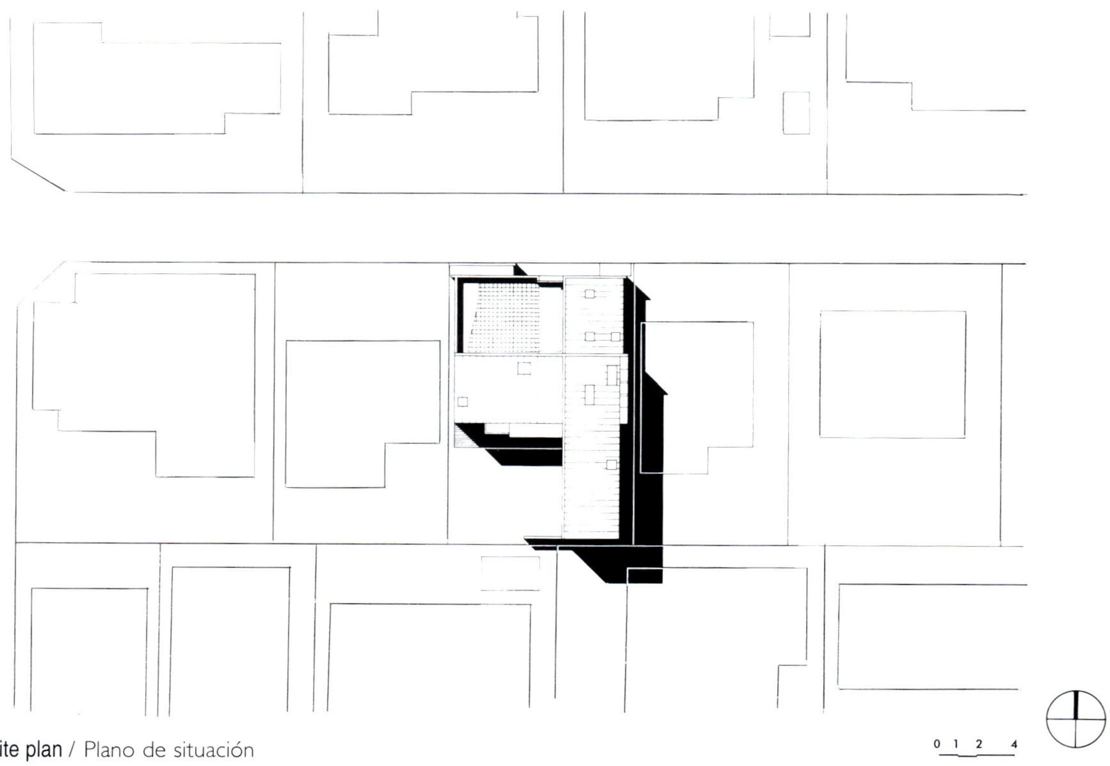

Site plan / Plano de situación

The owner is an auto enthusiast, and so a two-car garage and entry are placed at ground level, as it can be seen on this double page and on the plan of the following page.

El propietario es un gran aficionado a los coches, por lo que se ha diseñado un garaje de dos plazas en la planta baja, como puede adivinarse en las imágenes de esta doble página y en la planta de la página siguiente.

The composition of the facade features three large sliding doors that give access to the garage, beside which there is a small hall leading to the upper floors.

En la composición de fachada destaca la presencia de tres grandes puertas correderas que dan acceso al garaje. Junto a éste, se encuentra situado un pequeño vestíbulo que conduce a las plantas superiores.

This came about because the architect wished to let the inhabitant always feel the overall environment of the site while physically inhabiting the inter-relationships of these various spaces.

If the owners go up onto the roof, they have an expansive and splendid views that stretches the complete panorama from the Chichibu chain to the Chuo highway, over the Tamagawa river and onto the hills to the north.

Of the three gardens, one is interior. As it was an interior garden the sense of scale was purposely eliminated and it was created as a kind of "urban pocket park".

On the other hand, the north garden is an outdoor room and is an enclosed space with a room-like quality.

Finally, in the south garden there are seven types of plants to create a delicate sense of scale and a sense of changing with time.

Both interior and exterior spaces of the house were designed using abstract forms with care not to create any sense of hierarchy among the spaces. Through this designing system the architect hoped to create a certain kind of transparency.

El solar sobre el que se levanta la construcción forma parte de un extenso terreno en terraza con una ligera inclinación hacia el norte, donde se encuentra el cauce del río Tamagawa.

Dicho solar se extiende tres metros por encima de la carretera en el lado norte y dos metros por debajo del barrio que rodea la edificación en el lado sur.

El propietario de la vivienda es un gran aficionado a los coches, por lo que en la planta baja se ha construido un garaje de dos plazas de aparcamiento, donde se haya también el acceso principal al mismo (en el nivel con salida a la carretera hacia el norte).

Por su parte, todo el área de habitación se desarrolla en las plantas superiores para albergar las distintas habitaciones de la familia, integrada por cuatro miembros. La planta superior de la vivienda se

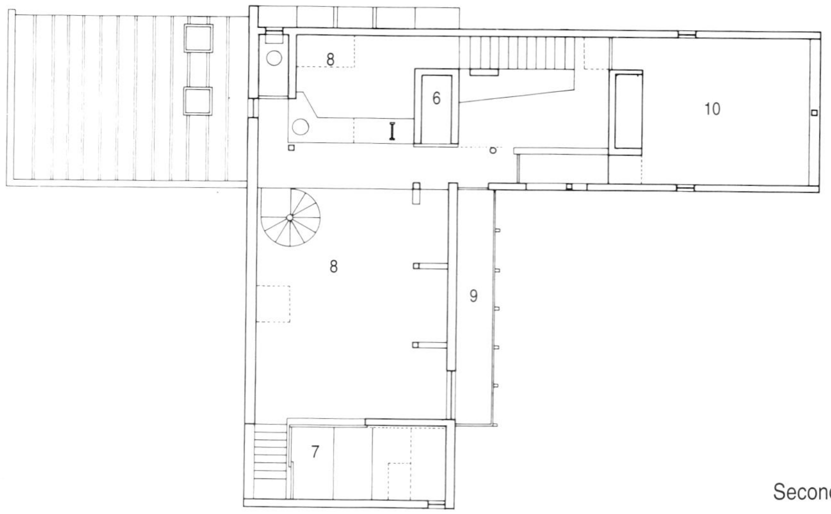

Second floor plan / Planta segunda

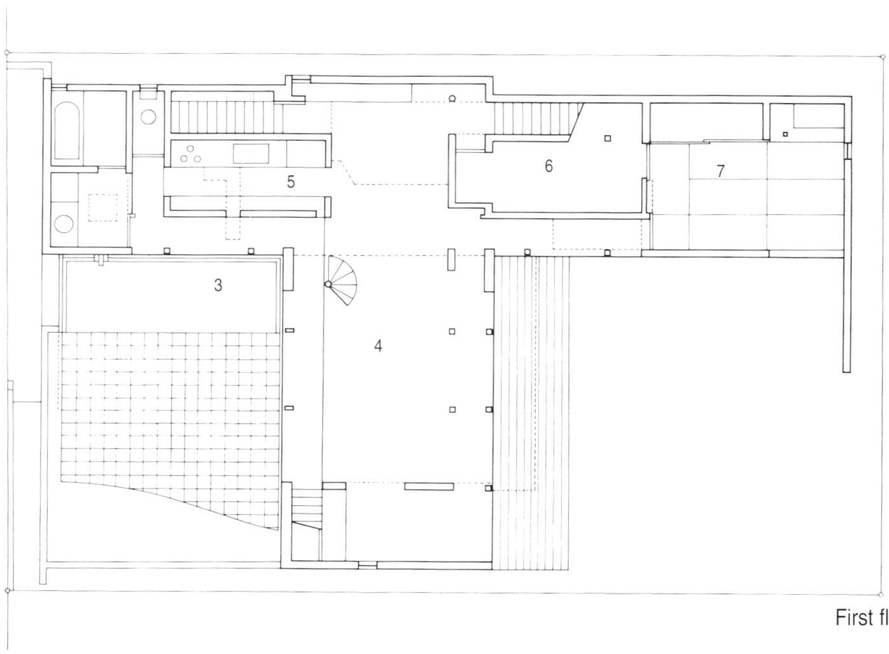

First floor plan / Planta primera

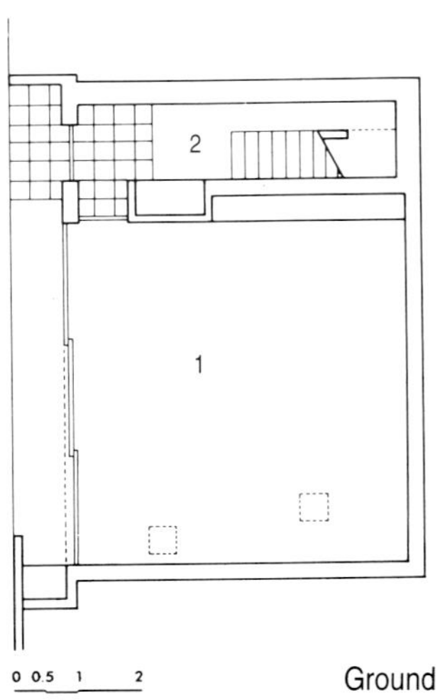

Ground floor plan / Planta baja

1. garage / garaje
2. entrance / vestíbulo
3. pond / estanque
4. living-dining room / salón-comedor
5. kitchen / cocina
6. storage / armario
7. japanese-style room / habitación estilo japonés
8. void / vacío
9. veranda / galería
10. bedroom / dormitorio

divide en tres ambientes, imaginados como tres jardines, y los espacios, pensados para acoger varias funciones, se distribuyen en un eje que va de norte a sur y en conjución con los jardines exteriores. Cada espacio de la casa se ha descrito con una identidad propia fuertemente marcada.

La ruta de circulaciones interiores penetra en estas áreas y mientras se relaciona con los jardines, crea un largo camino infinito, que arranca del acceso de la planta baja. Este estudio de los recorridos se basa en el propósito del arquitecto de hacer sentir a los inquilinos la totalidad del entorno, mientras se produce la vivencia espacial de los diversos recorridos interiores.

Si los usuarios suben al tejado, pueden gozar de unas espléndidas vistas sobre el paisaje exterior: desde la cadena montañosa de Chichibu chain hasta la autopista de Chuo, por encima del río Tamagawa y hacia las colinas del norte se contempla un completo panorama del entorno.

De los tres jardines que posee la vivienda, uno de ellos es interior. Debido a que se trataba de un jardín interior, el sentido de escala se eliminó voluntariamente y se creó una especie de "jardín urbano de bolsillo".

Por su parte, el jardín del lado norte se configura como una habitación al aire libre y se define como un espacio cerrado con las mismas características de las demás habitaciones.

Finalmente, en el jardín sur se han cultivado diversos tipos de plantas con objeto de crear un delicado sentido de escala y de cambio de estación.

Los espacios, tanto interiores como exteriores, han sido diseñados usando formas abstractas con cuidado de no crear ninguna sensación de jerarquía entre los espacios. A través de ésto, el arquitecto esperaba crear cierto tipo de transparencias.

The space is organised as a alternate exterior-interior sequence that divides the ground plan into three different areas, each of which has its own character. These three areas are tied together by means of a continuous circulation route.

El espacio se organiza en una secuencia alternada exterior-interior que divide la planta en tres áreas distintas, a cada una de las cuáles se ha impuesto un carácter claramente definido. Estas tres zonas quedan cosidas mediante una ruta de circulación continua.

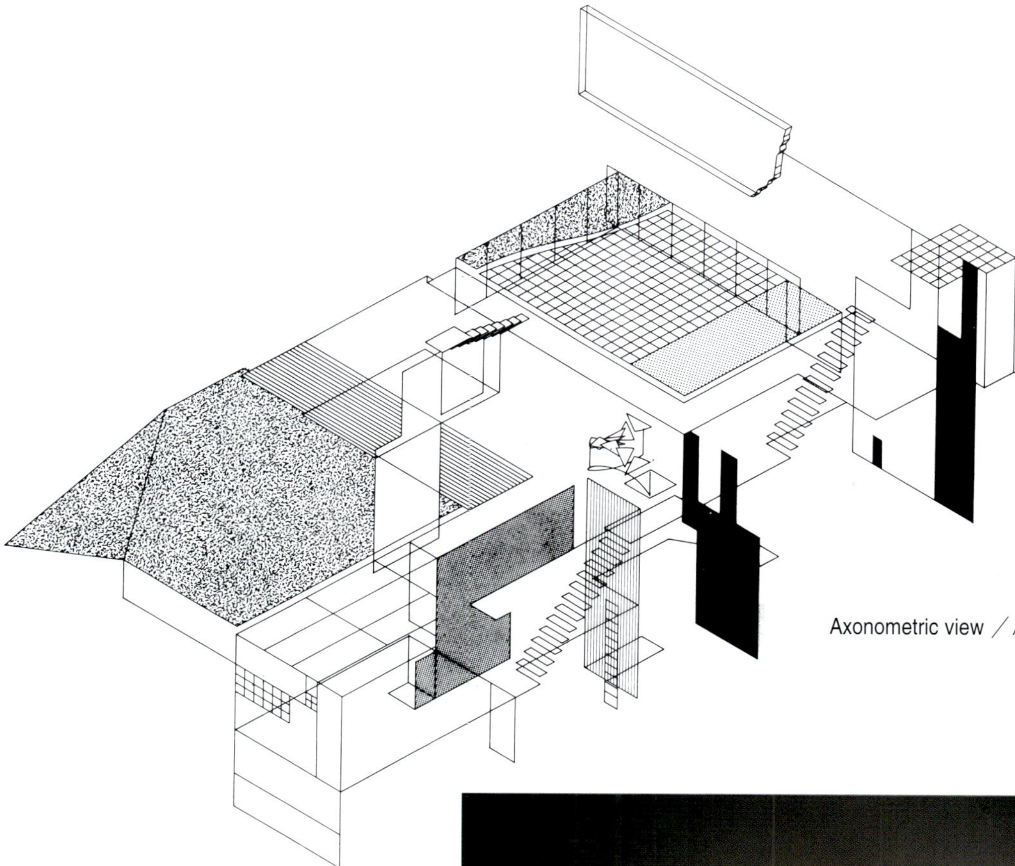

Axonometric view / Axonometría

Thedesign of the interior circulations is based on Shioda's wish to let inhabitants always feel the whole space –interior and exterior– while fisically inhabitating the interrelationships of the various interior spaces.

El estudio de los recorridos interiores se basa en el deseo de Shioda de hacer sentir a los inquilinos la totalidad del espacio, interior y exterior, mientras se produce una viviencia espacial de los diversos recorridos interiores.

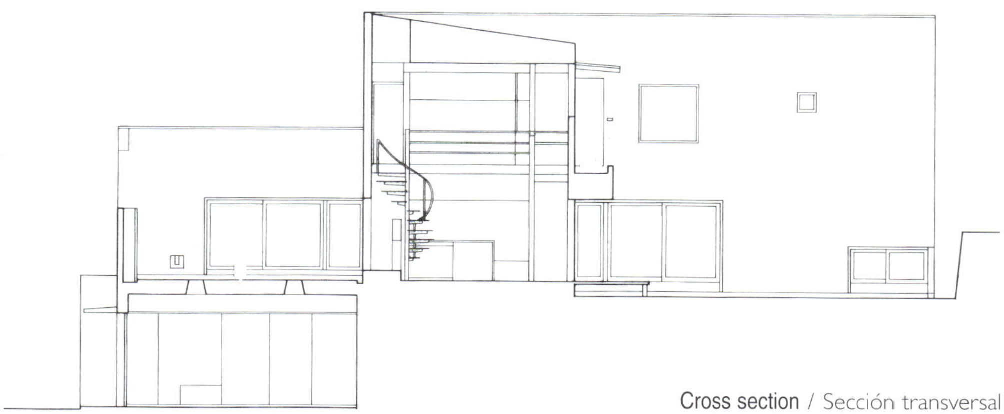

Cross section / Sección transversal

As can be seen in the photographs on this double page, from the second floor a light metal staircase leads to the roof.

Tal como se observa en la imágenes de esta doble página, desde la segunda planta es posible acceder a la cubierta a través de una ligera escalera metálica.

Jade et Sami **Tabet**

Paris / FRANCE

MAISON SCHALIT

Photographs: Gèrard Dufresne

Located on a very small plot of 40 m^2 (8 meters x 5 meters) in the 13e district of Paris and flanked by enormous blocks of apartments, this building is a conversion of old mechanical workshops into a dwelling managed through co-ownership.

The building regulations were an important factor in determining the volumetrics of the project and its height in relation to the neighbouring buildings. However, they offered a great deal of freedom in the design of the main facade and its width in relation to the building that had previously occupied the site.

With these conditions, the scheme by the Tabet firm organises the dwelling with a clear vertical division that efficiently solves the problems arising from the small narrow site.

The ground floor houses the small kitchen and its external prolongation through a porch and garden toward the south side. A staircase with a painted iron structure and wooden steps constitutes the backbone of the building, and communicates the rooms on the upper floors with the access level.

The first floor is occupied by the living room, which is related to the kitchen through a large open hole with a glass wall overlooking the lower floor. Two bedrooms and a bathroom occupy the second floor. One of the two bedrooms has an attic level leading to a small private roof terrace.

The side of the building is of white-painted render, while the main facade is structured by means of large windows with wooden frames.

Ubicada en una pequeña parcela de 40 m^2 (8m x 5m) enmarcada por una fuerte medianería en el distrito 13 de la capital francesa y flanqueada por enormes bloques de apartamentos, la edificación reorganiza la planta de unos antiguos talleres mecánicos para su conversión en vivienda, cuya administración ha sido sistematizada en copropiedad.

Las normativas determinaban fuertemente la volumetría de la construcción y la altura de la residencia en relación con las edifica-

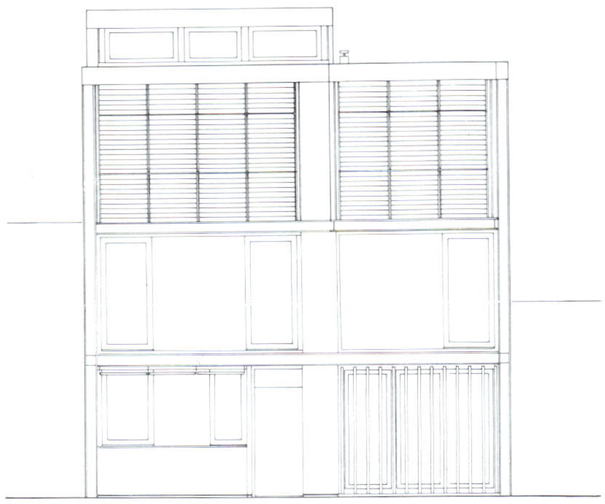

Main elevation / Fachada principal 0 0.5 1 2

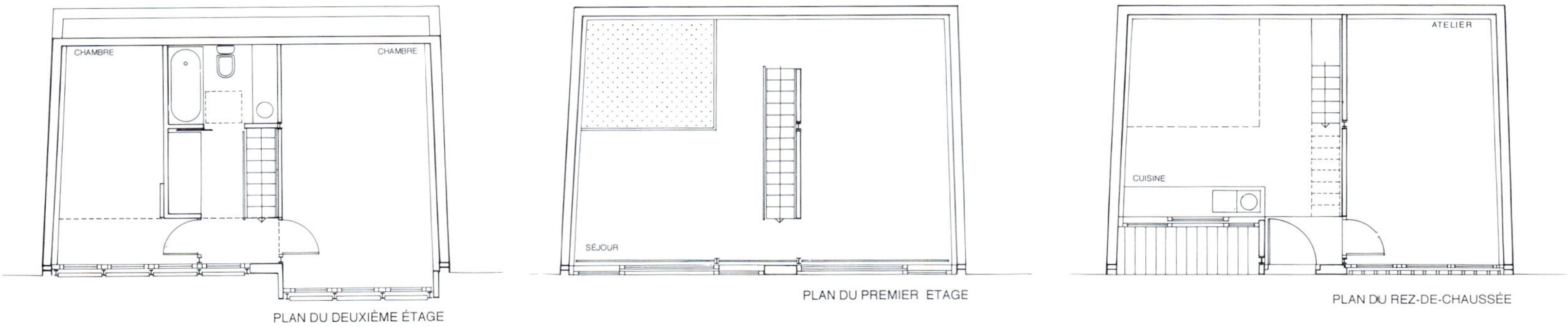

0 0.5 1 2

Second, first and ground floor plans
Plantas segunda, primera y baja

ciones vecinas. Sin embargo, ofrecían bastante libertad en cuanto al diseño de la fachada principal y a su anchura en relación con la ocupación anterior del solar.

Con estas condiciones, el programa buscado por el estudio Tabet organiza la vivienda con una marcada división vertical, que resuelve eficazmente la estrechez y el carácter exiguo del terreno.

La planta baja alberga la pequeña cocina y su prolongación exterior a modo en porche-jardín hacia el lado sur. Una escalera de estructura de hierro pintado y escalones de madera constituye la columna vertebral de la residencia, y comunica las diversas habitaciones de las plantas superiores con el nivel de acceso.

La primera planta está ocupada por el estar, que se relaciona con la cocina a través de un gran hueco abierto a modo de mirador de vidrio sobre la planta baja. Dos dormitorios y un baño ocupan la segunda planta. Una de las dos habitaciones está equipada con un nivel de altillo desde el que se accede a una pequeña terraza privada alojada en la cubierta.

El revestimiento lateral de la construcción ha sido tratado con revoco pintado de blanco, mientras que la fachada principal se estructura a partir de grandes vanos cerrados con carpintería de madera.

The programme organises the relations between the public, private and intermediate spaces, allowing these sequences to be experienced clearly from the interior of the dwelling.

El programa organiza verticalmente las relaciones entre los espacios públicos, privados e intermedios, permitiendo que, desde el interior de la vivienda, estas secuencias se experimenten de forma clara.

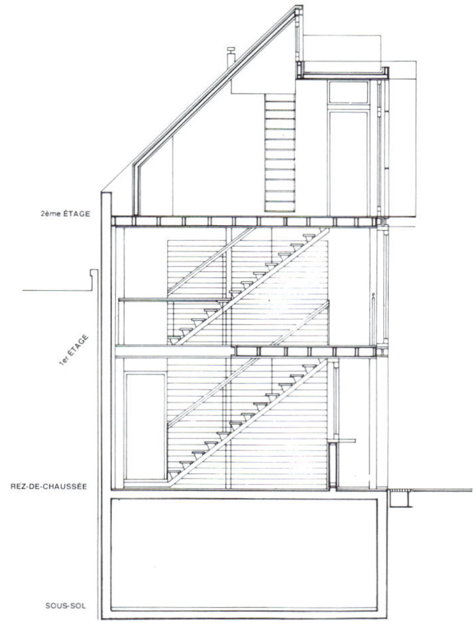

0 0.5 1 2 Cross section / Sección transversal

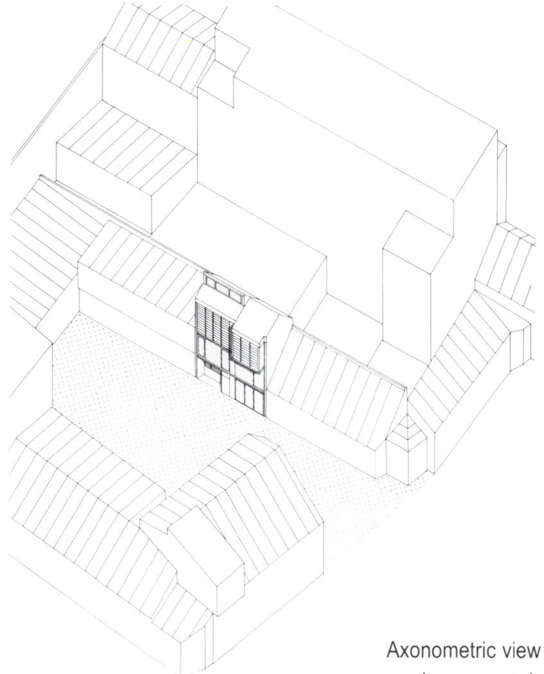

Axonometric view
Axonometría

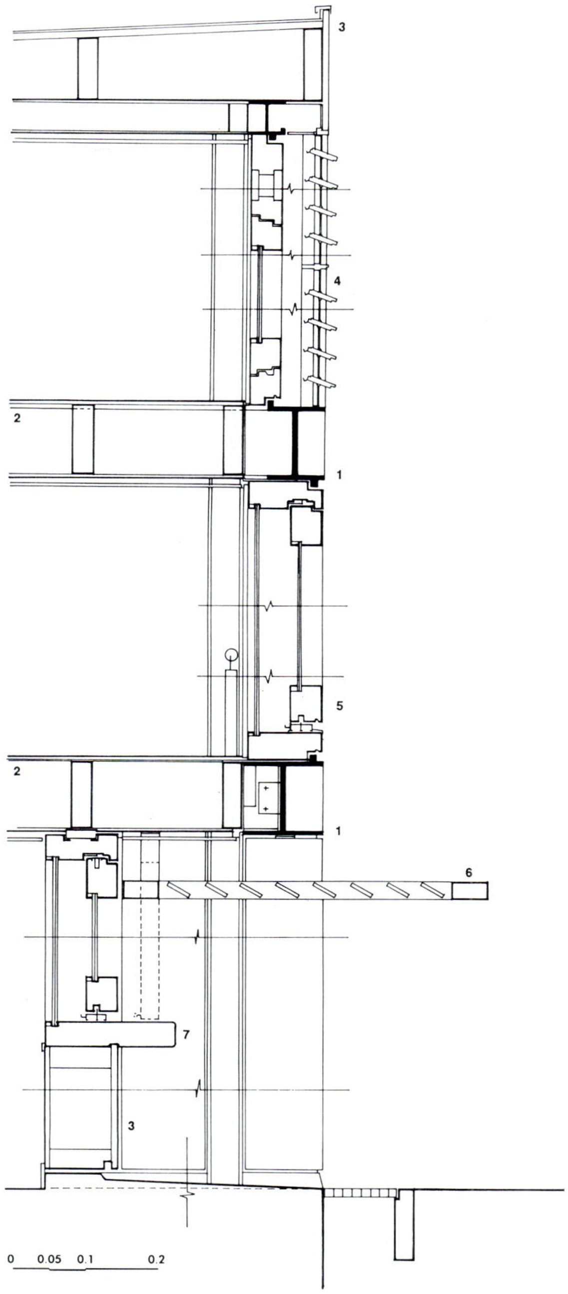

STRUCTURAL SECTION OF THE FACADE - SECCIÓN CONSTRUCTIVA DE LA FACHADA

1. **metal profile** / perfil metálico
2. **floor of wooden joists + acoustic insulation** / forjado de viguetas de madera + aislante acústico
3. **plywood panel covered with metal sheet** / panel contraplacado recubierto con chapa metálica
4. **sun-protection system, tropical wood shutter** / sistema de protección solar, contraventana de madera tropical
5. **sliding wood frames** / carpintería corredera de madera
6. **swivelling tropical wood shutter** / contraventana pivotante de madera tropical
7. **tropical wood surface** / superficie de madera tropical

George **Baines**

Antwerp / BELGIUM

THE GUIETTE HOUSE

Photographs: Fotodesign Lautwein & Ritzenhoff

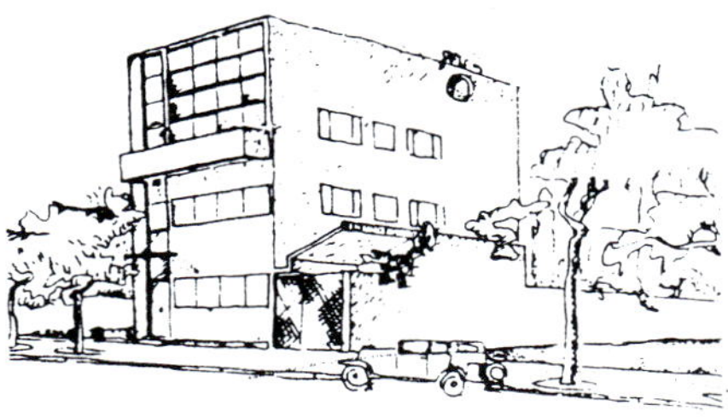

The project is the central part of an ensemble constituted of three fragments: the restoration of the Guiette house of Le Corbusier in 1988, the fashion-designer Ann Demeulemeester's atelier and Patrick Robyn photographic studio completed in 1993, and the storehouse constructed in 1995.

For this project, juxtaposing the Guiette House, the architect has attempted to achieve a composition based on the concept "association-dissociation". Association in terms of materials, exterior wall-coatings and metal window-frames, and in terms of spirit, purist, almost ascetic.

Dissociation in colour, and in the more scupltural treatment of the façades as compared with the Guiette House, which, like a canvas of the painter Mondrian, are more limited in two dimensions.

The central caesura 'A-A' recalls that the site was conceived for the construction of two houses.

The recess alongside the Guiette House, partially liberates its purist volume, and makes reference to the historic "Citrohan" type, all the while not transforming the "isolated" image that the residents of Antwerp have long held of this house on the outskirts of the city.

This recess also permitted George Baines to create, on the street side, a space of transition and protection against the disagreeable heavy trafic often present here.

The horizontal division of the window frames constrasts with their vertical division in the case of the Guiette House. The inhabitants, living constantly amid the polychromy of Le Corbusier, insisted on 'non-coloured' spaces –the sole colour Baines considered as essential was the pale

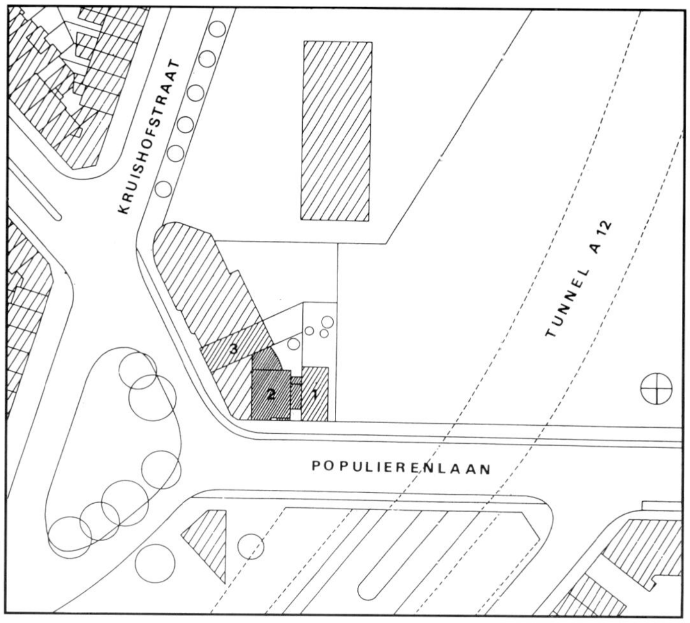

Site plan / Plano de situación

Axonometric view / Axonometría

The extension project is the second phase of the restoration of the Maison Guiette designed by Le Corbusier in 1926. The architect George Baines based his design on the Maison Citrohan project by Le Corbusier and on the fact that this type of residential scheme can be conceived as isolated volumes or as aligned buildings.

El proyecto de ampliación surge como segunda fase de la restauración de la "Vivienda Guiette" proyectada por Le Corbusier en el año 1926. Para su realización, el arquitecto George Baines parte del tipo de vivienda "Citrohan" imaginado por Le Corbusier y en el hecho de que este tipo de viviendas pueda concebirse tanto como volúmenes aislados como edificios alineados.

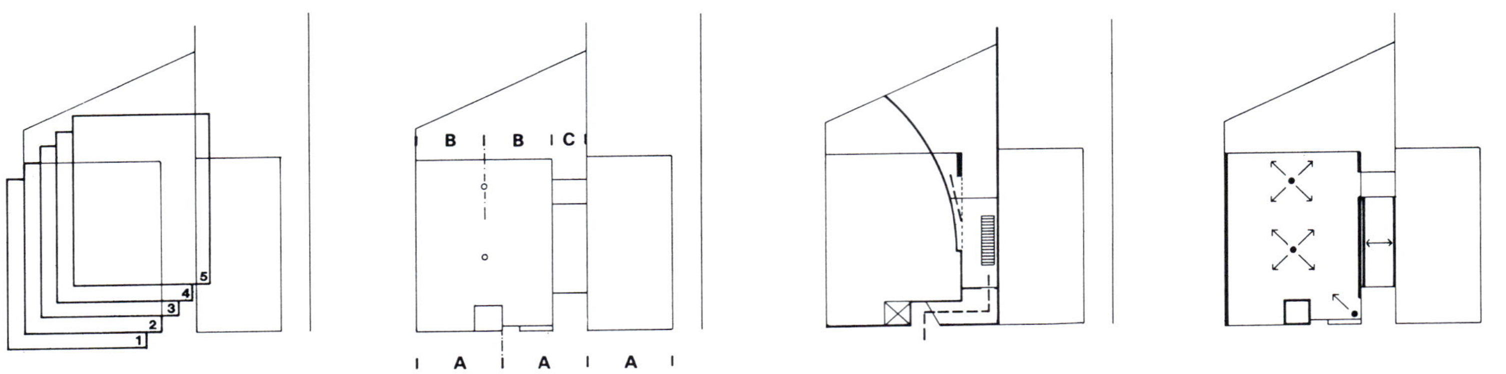

From left to right, sketches that shows the program, the rythm, the circulation and the structure
De izquierda a derecha, bocetos explicativos del programa, el ritmo, la circulación y la estructura

English green for the small intermediate volume at the rear facade.The interior spaces and structures are governed by simplicity, conferring flexibility and adaptability upon all possible interior divisions.

The only connection (invisible from the Guiette House) between the two buildings is situated at the top floor, between the stairway and a former storage space, now transformed into a shower room for those who working in the photo studio.

The spaces' polyvalency also follows for the building's transformation, at some future date, into a centre for modern architecture where the visit ends with the 'discovery' of the Guiette House itself.

El proyecto consituye el núcleo central de un conjunto conformado a lo largo de varios años por tres fragmentos de un proceso de restauración, en 1988, de la casa Guiette proyectada por Le Corbusier, el taller de alta costura de la diseñadora Anne Demeulemeester y el estudio del fotógrafo Patrick Robin completados en1993, y el almacén, construido en 1995.

Para este proyecto, yuxtaponiendo la casa Guiette, el arquitecto ha tratado de establecer una composición basada en el concepto de "asociación-disociación".

Asociación en términos de materiales, de revestimiento exterior de los muros y de carpinterías metálicas en las ventanas, y también

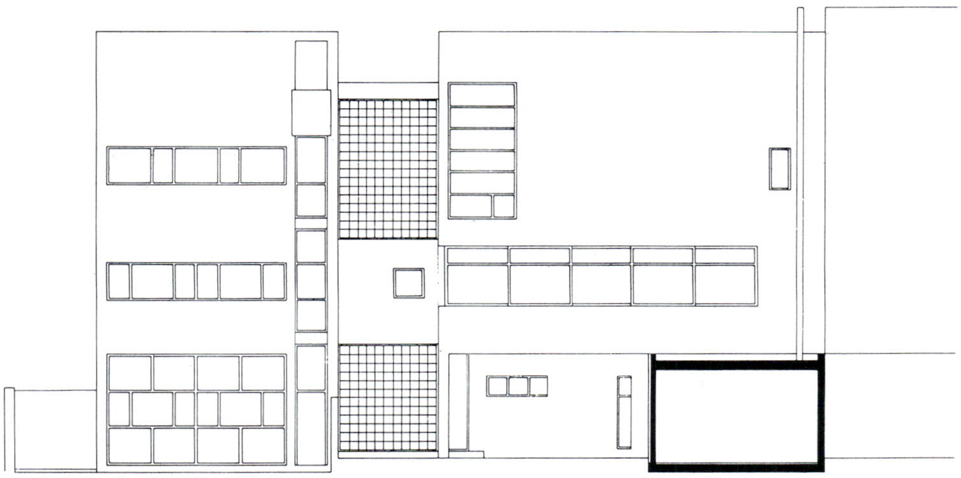

Rear elevation / Fachada posterior

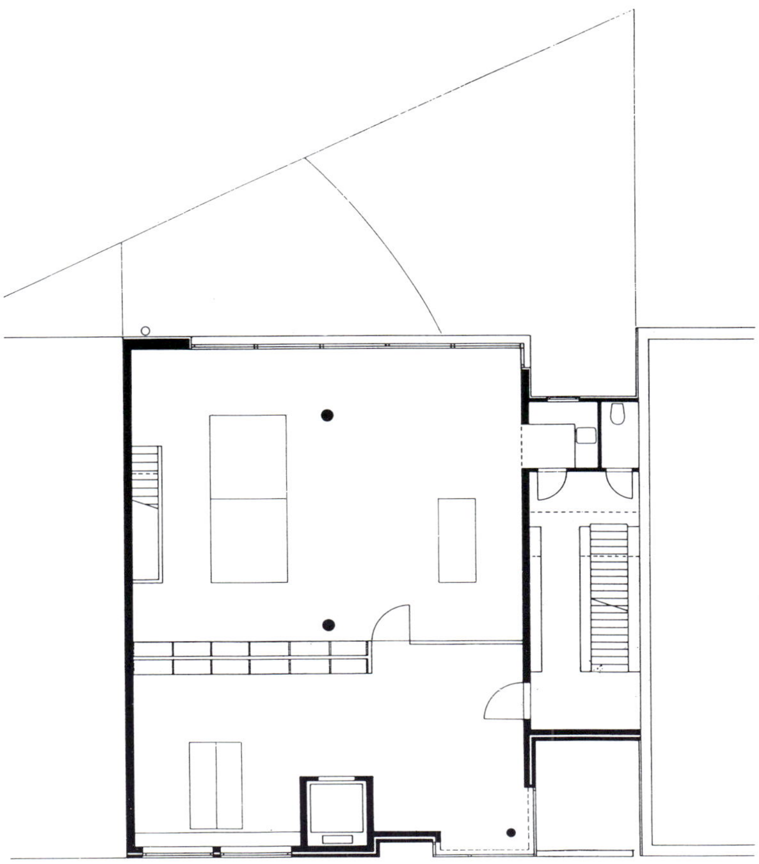

First floor plan / Planta primera

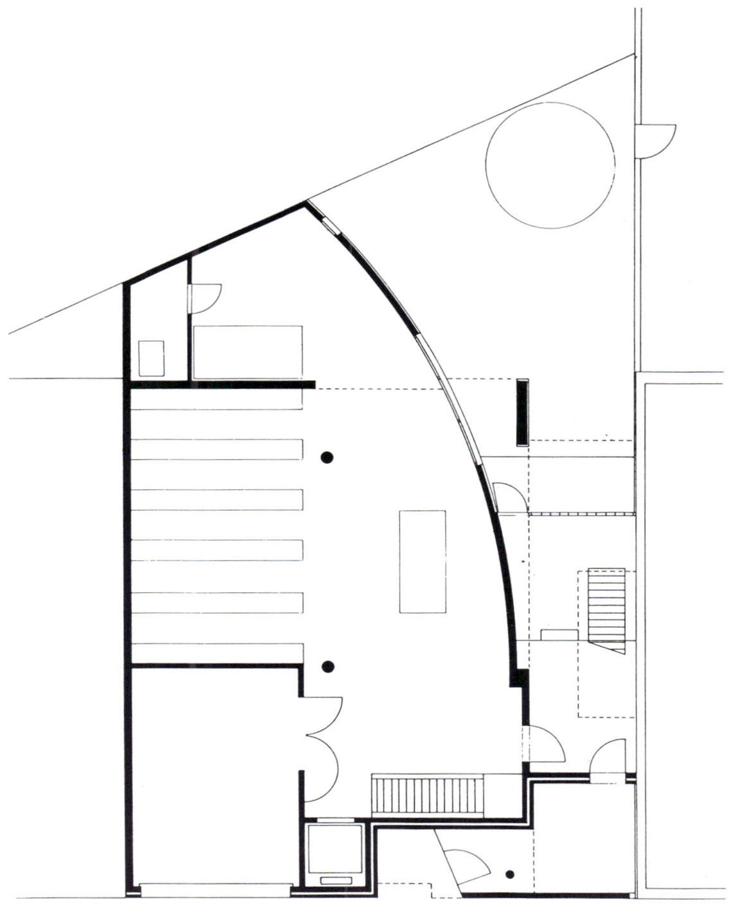

Ground floor plan / Planta baja

en términos de espiritu purista, casi ascético, de la construcción. Y disociación en cuanto al color, y en el tratamiento más escultural de las fachadas, asociadas con la casa Guiette, las cuales, como un lienzo de Mondrian, son más limitadas en dos dimensiones.

El eje central A-A explica como el solar fue concebido para la construcción de dos viviendas. El retranqueo a lo largo de la casa Guiette, su escueta y purista volumetría, hace referencia al tipo histórico "Citrohan"de Le Corbusier, mientras que no altera la imagen aislada que los residentes de Amberes han tenido de esta casa en las afueras de la ciudad.

Este retranqueo también permitió al arquitecto la creación, en el lado de la calle principal, de un espacio de transición y protección del abundante y ruidoso tráfico a menudo presente en este lugar.

Por su parte, la división horizontal de la carpintería de las ventanas contrasta con la división vertical en el caso de la casa Guiette. Los inquilinos, que viven constantemente la policromía de la obra de Le Corbusier, insistieron en que deseaban espacios 'no coloreados' (el único color que Baines consideró como esencial fue el pálido color verde para el pequeño volumen intermedio junto a la fachada posterior).

Los espacios interiores y el sistema estructural del conjunto están gobernados por la simplicidad, confiriendo flexibilidad y adaptabilidad bajo todas las posibles particiones internas. La única conexión (invisible desde la casa Guiette) entre los dos edificios se sitúa en la última planta, entre la escalera y el antiguo espacio de almacenaje, ahora transformado en una ducha para quienes trabajan en el estudio de fotografía. La polivalencia de los espacios también permitirá, en un futuro no lejano, la transformación del edificio en un centro de arquitectura moderna, donde la visita terminará con el descubrimiento por parte de los espectadores de la casa Guiette.

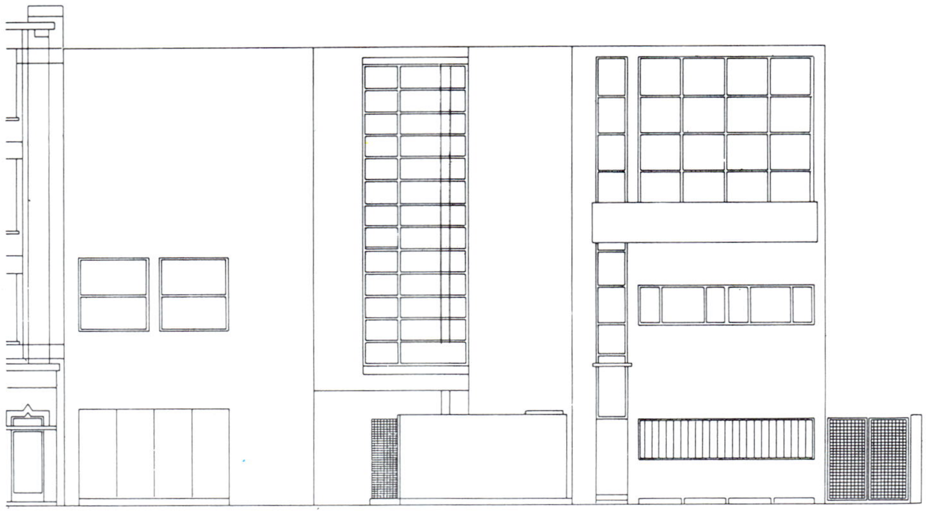

Main elevation / Fachada principal

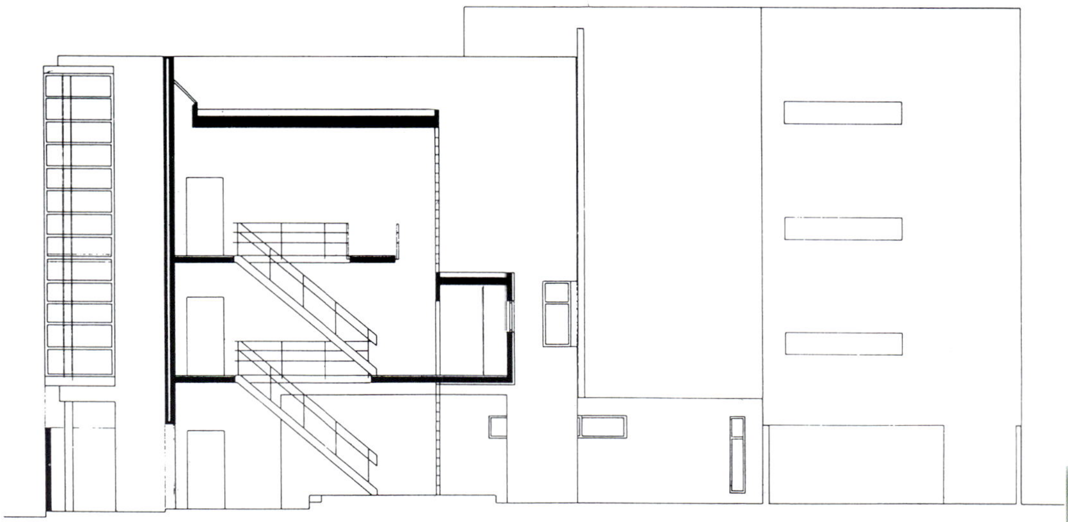

Cross section / Sección transversal 0 5

The extended area was rendered and painted dark grey to give the intervention a certain degree of autonomy. The use of pillars gives the interior layout the virtues of freedom and flexibility proposed by the famous Swiss French architect.

La zona ampliada se revocó y pintó de color gris oscuro para proporcionar cierto grado de autonomía a la intervención. Gracias a la utilización de pilares, la distribución interior goza de las virtudes de libertad y flexibilidad propuestas por el famoso arquitecto suizo-francés.

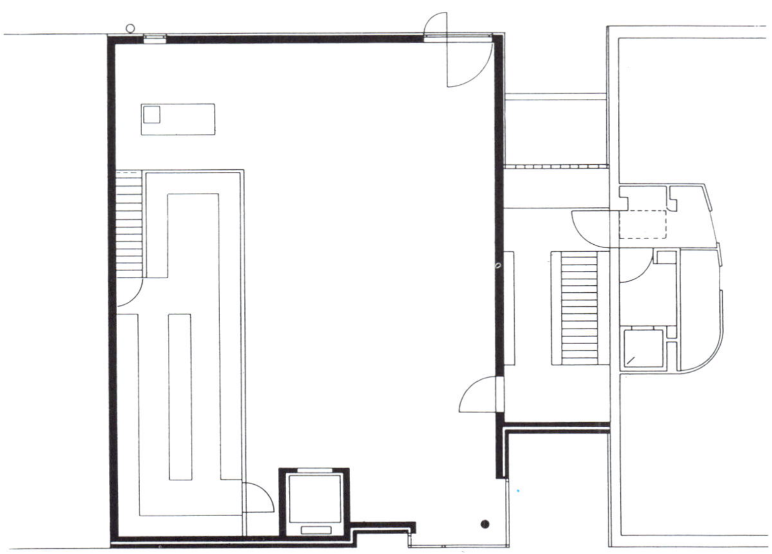

Second floor plan / Planta segunda 0 5

0 5 Upper level floor plan / Planta nivel superior

The inhabitants, accustomed to living amid the polychromy of Le Corbusier's interiors, insisted on 'non-coloured' spaces. For this reason Baines chose white and a pale English green. The interior spaces of the building are governed by simplicity, conferring flexibility upon all possible interior divisions.

Los inquilinos, habituados a los polícromos interiores de Le Corbusier, insistieron en que deseaban espacios 'no coloreados', y por ello Baines utiliza el color blanco y un suave color verde. Los espacios interiores de todo el conjunto se caracterizan por su simplicidad, que confiere flexibilidad a todas las posibles particiones internas

Odile **Decq**

Benoît **Cornette**

Paris / FRANCE

HOUSING AT RUE ERNESTINE

Photographs: Georges Fessy

This new housing block, located in the working-class, predominantly ethnic *Goutte d'Or* neighborhood of Paris, was designed to make the most of a narrow site with a very small street frontage. The final result is a rather elegant metal-clad building that is entirely rectilinear in its outward profile and quite cool compared to much of Decq and Cornette's other work, providing eleven very generously sized apartments which enjoy high levels of natural light and views of the exterior.

The plan is T-shaped, with the short arm across the front of the site containing the staircase and lift giving access to walkways above. The walkways, from ground to top floor, are incorporated within a narrow strip along the edge of the long arm of the T, stretching back into the site. The entrances to the flats are ranged off them, each flat occupying the width of the block with views out into a small courtyard on the other side. Balconies on the street frontage help to animate the external facade.

The apartments are maisonettes, with double-height glazed frontages on the courtyard side. They are fitted out to a high standard, with timber flooring and metal balustrades, partly to compensate for the rather bleak area, although the budget was only that of a mid-range housing scheme. The communal areas are also carefully thought out in order to maximise the pleasure of living in the building. The lift is glazed, allowing views out into the very narrow internal courtyard, floored in ship's timbers, which separates the building from its neighbours on that side. The staircase is shielded from the street behind a perforated screen, providing privacy while also allowing views out into the street.

The entrance hall is animated by a shallow curved seating area recessed beneath the walkway above and made to appear double its length by means of a mirror: an interaction of straight and curved lines which vividly recalls the design of the hall at the BPO's Administrative Centre. A blue column rises up through the vertical space, marking the location of the stair.

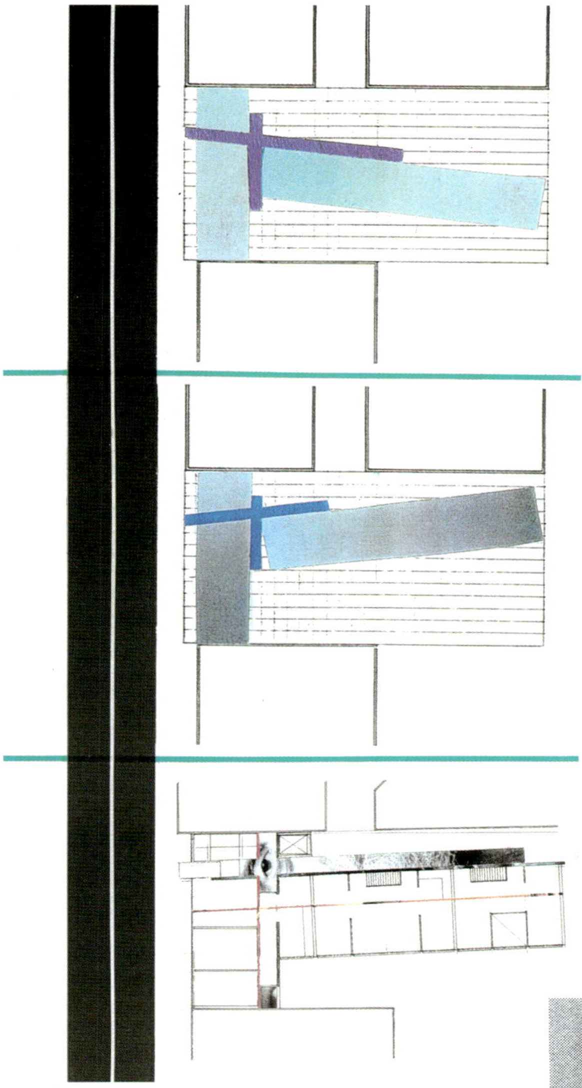

On the previous page, view of the facade looking onto Ernestine Street. The series of drawings show that the building is attached to two pre-existing constructions, yet set back from them to leave space for an open-air courtyard in the site's interior.

En la página anterior, imagen de la fachada que mira a la calle Ernestine. Tal como se observa en la sucesión de dibujos, el edificio se adosa a dos construcciones existentes, pero se separa de ellas dejando espacio para un patio al aire libre en el interior del solar.

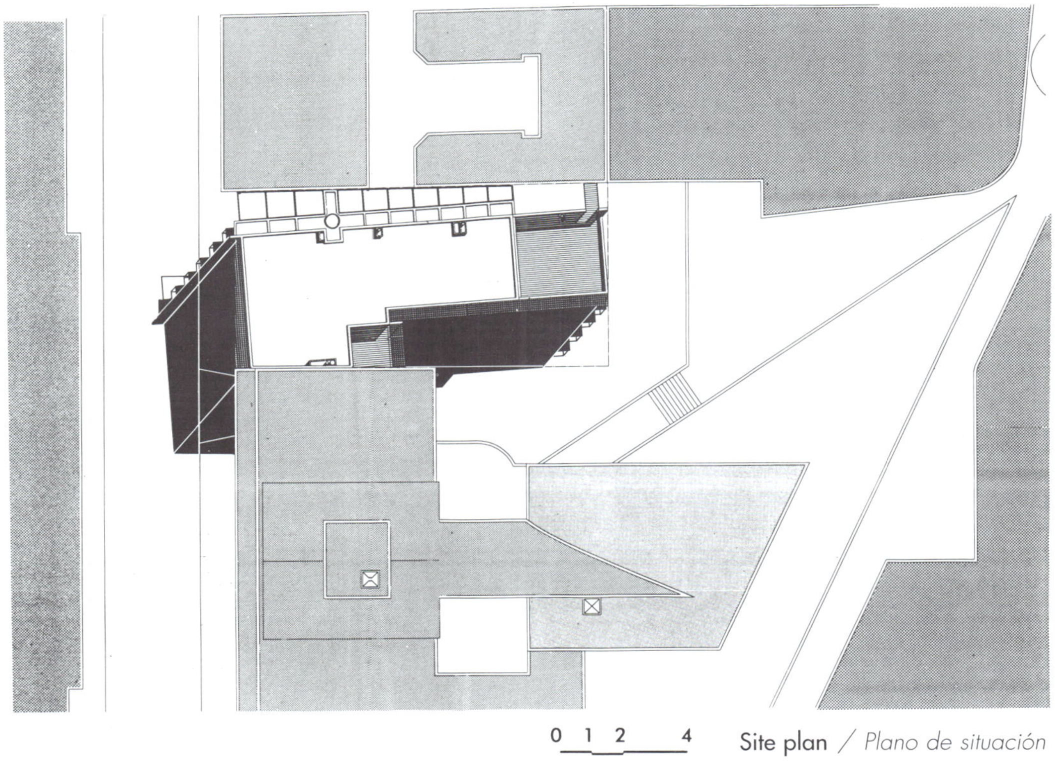

Site plan / *Plano de situación*

El nuevo bloque de viviendas, ubicado en el barrio parisino de clases trabajadoras –mayoritariamente étnicas–, conocido como *Goutte d'Or*, se diseñó con objeto de adaptar un estrecho solar en el pequeño frente de la calle.

El resultado de la actuación es un elegante volumen revestido de metal, totalmente rectilíneo en su perfil externo y bastante severo y frío en relación con otros trabajos del equipo galo Decq y Cornette.

El edificio alberga once amplios apartamentos que gozan de generosas entradas de luz natural y amplias vistas del exterior.

La planta tiene forma de T, y en ella el lado corto atraviesa el solar, alojando la escalera y un ascensor, que dan acceso a las pasarelas superiores.

Estas últimas, extendidas desde la planta alta al nivel superior, se incorporan dentro de una estrecha banda trazada en sentido longitudinal respecto al límite del brazo largo de la T, retranqueándolo en el solar.

Las entradas a los apartamentos se alinean, cada unidad de habitación ocupa la anchura del bloque con vistas hacia el pequeño patio del lado contrario. Los balcones sobre la fachada principal hacia la calle ayudan a animar el frente externo de la edificación.

Los apartamentos son tipo dúplex, con doble altura y con frente vidriado en el lado del patio. Estos tienen una altura estándar, y se han pavimentado con suelo flotante de madera y se estructuran con barandillas de metal, que compensan parcialmente el abandono y cierta tristeza del enclave del volumen –pese a que sólo se trataba de un proyecto de vivienda de medio rango.

Las áreas comunes también han sido cuidadosamente pensadas, con objeto de mejorar las condiciones de vida en el edificio.

Por su parte, el ascensor es una caja de vidrio que, en su recorrido, proporciona vistas hacia el estrecho

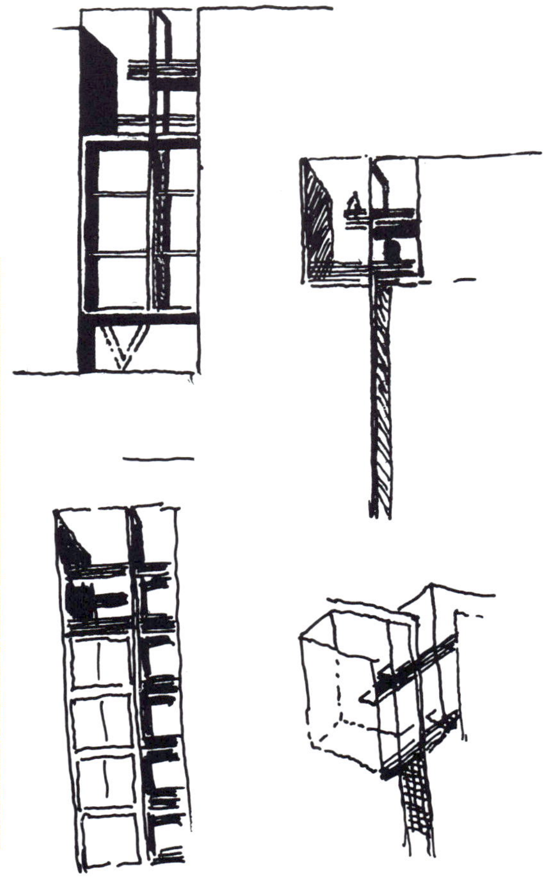

The photographs show some views of the building as seen from the inner courtyard. The complex is developed along a T-shape, with the short end .housing the communications nucleus from which the walkways located on the upper floors are accessed.

Las imágenes muestran el edificio visto desde el patio interior. El complejo se desarrolla en forma de "T", con el lado corto conteniendo el núcleo de comunicaciones desde el que se accede a las pasarelas situadas en las plantas superiores.

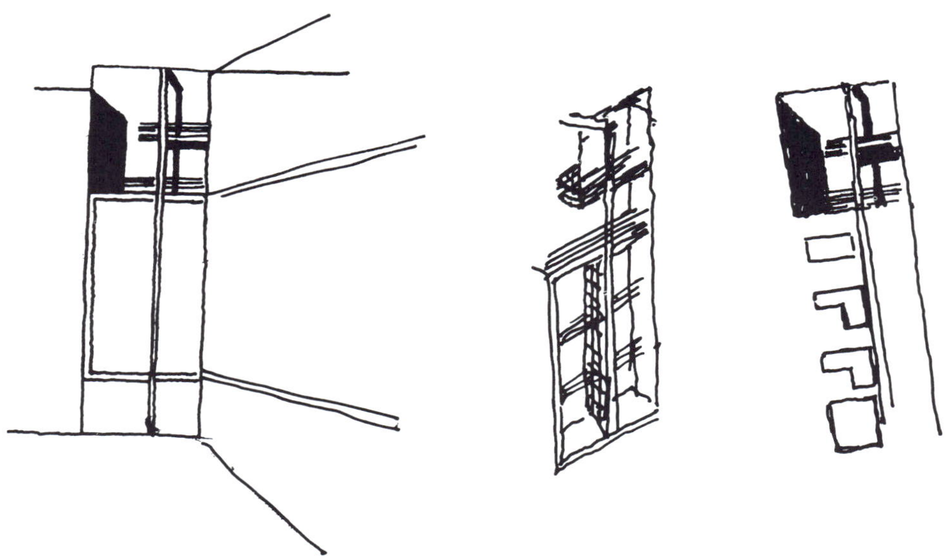

The entrances to the flats are ranged off them, each flat occupying the width of the block with views out into a small courtyard on the other side. Balconies on the street frontage help to animate the external facade.

Las entradas a los apartamentos se alinean, cada apartamento ocupa la anchura del bloque con vistas hacia el pequeño patio del lado contrario. Los balcones hacia la calle ayudan a animar la fachada externa..

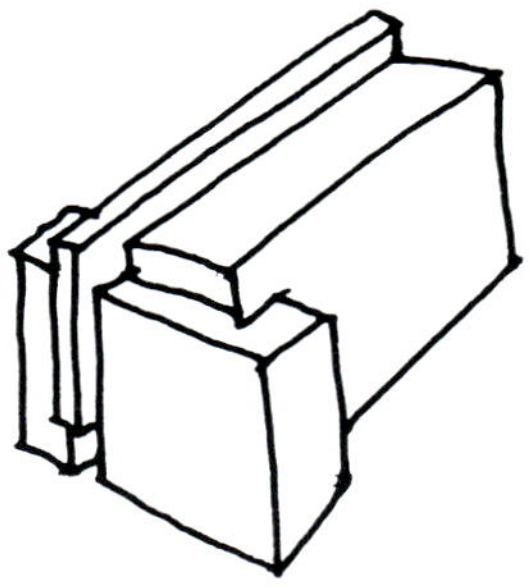

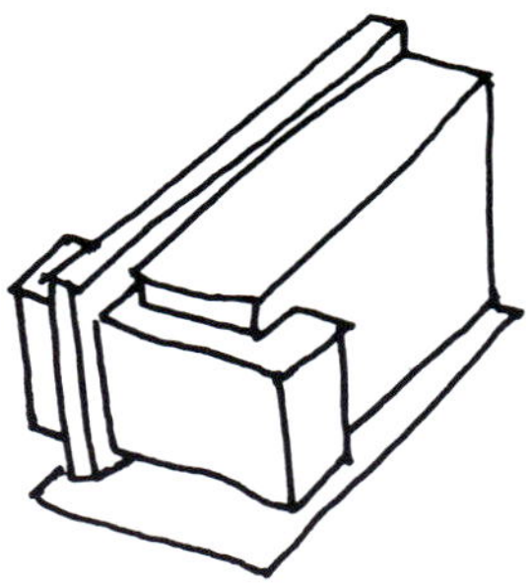

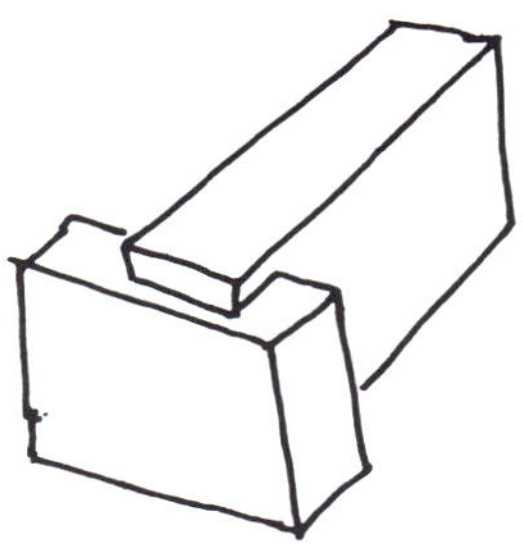

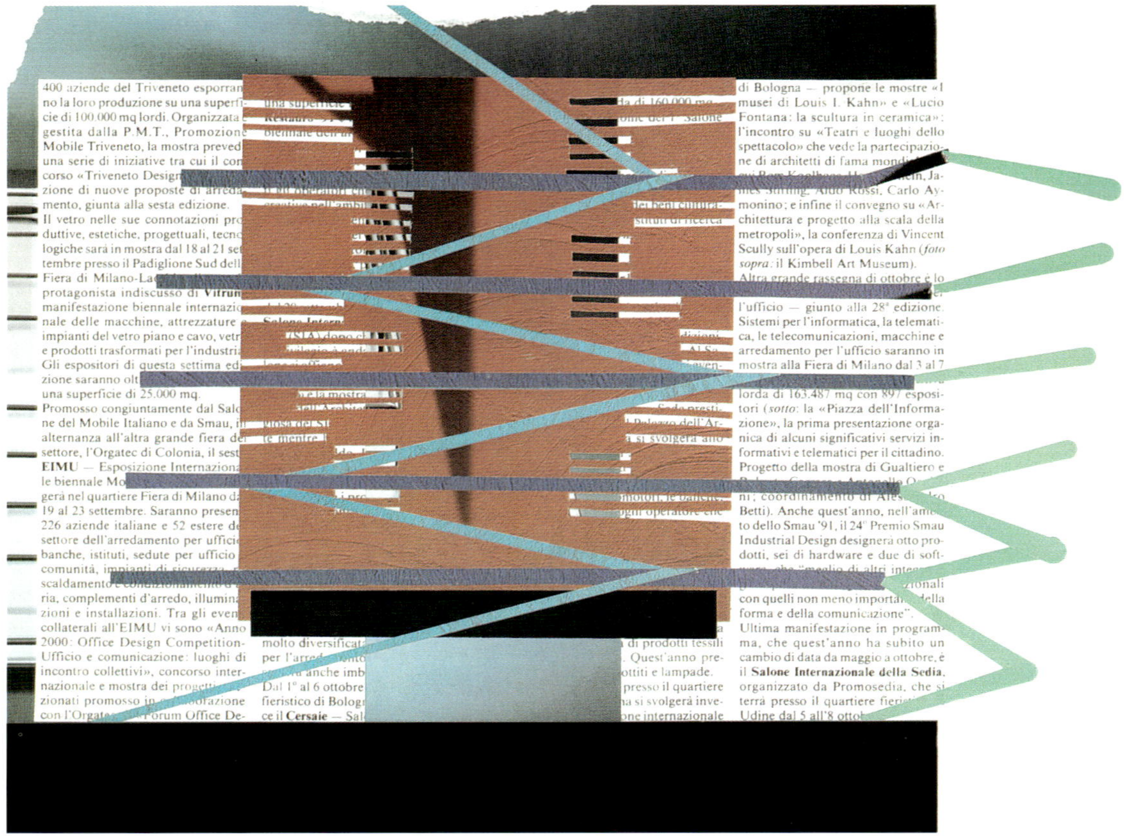

patio interio. El pavimento de este último se ha constituido con lamas de madera náutica, que separa el edificio de las construcciones vecinas. La escalera se protege de la calle tras una pantalla perforada, que garantiza la privacidad, al tiempo que también ofrece vistas hacia la calle.

El vestíbulo de entrada de la finca cobra vida con el perfil de una bancada de formas curvas colocada bajo la pasarela superior, que se configura, gracias a la colocación de un espejo, como una pieza de longitud doble a la real: la interacción de líneas rectas y curvas que vivamente recuerdan el diseño del vestíbulo del centro administrativo de BPO.

Una columna de color azul se se eleva a través del espacio en toda su altura, marcando la ubicación de la escalera.

The metal walkways that provide entrance to the dwelling are developed along the long side of the T, running almost entirely the depth of the site.

Las pasarelas metálicas que dan acceso a las viviendas se desarrollan paralelamente respecto al lado más largo de la "T", recorriendo prácticamente toda la profundidad del solar.

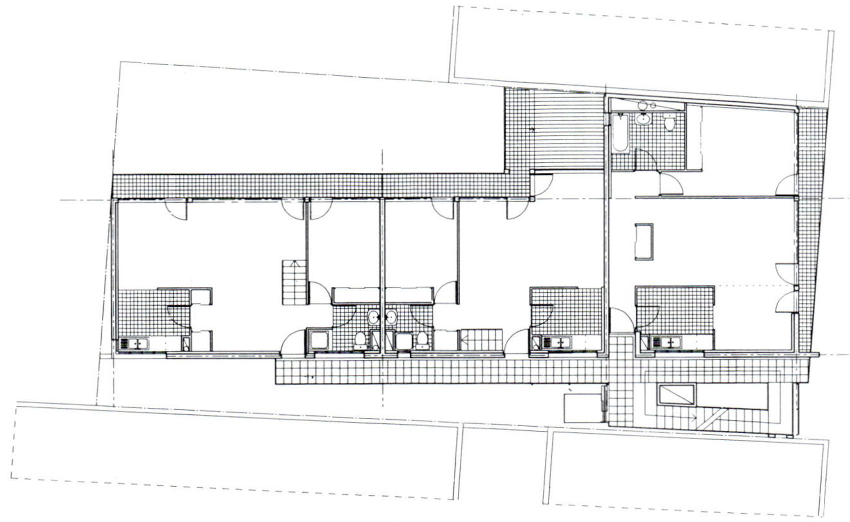

Upper level floor plan / Planta nivel superior

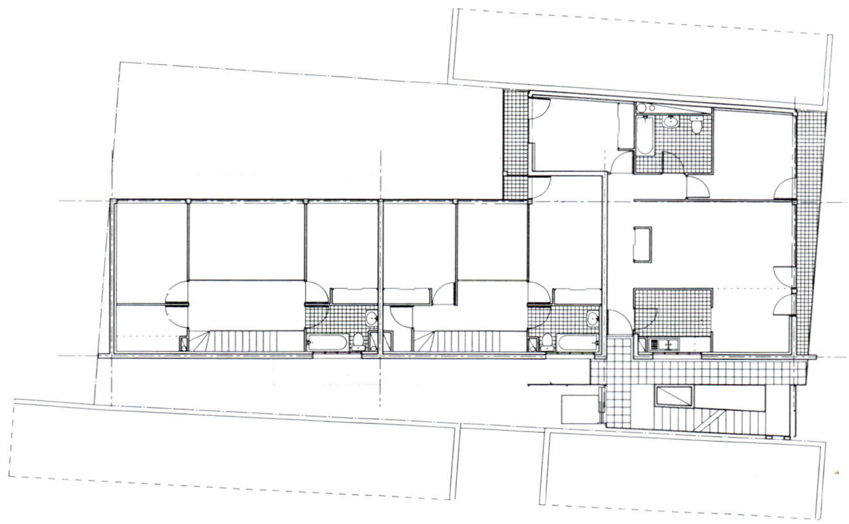

First and second floor plan / Plantas primera y segunda

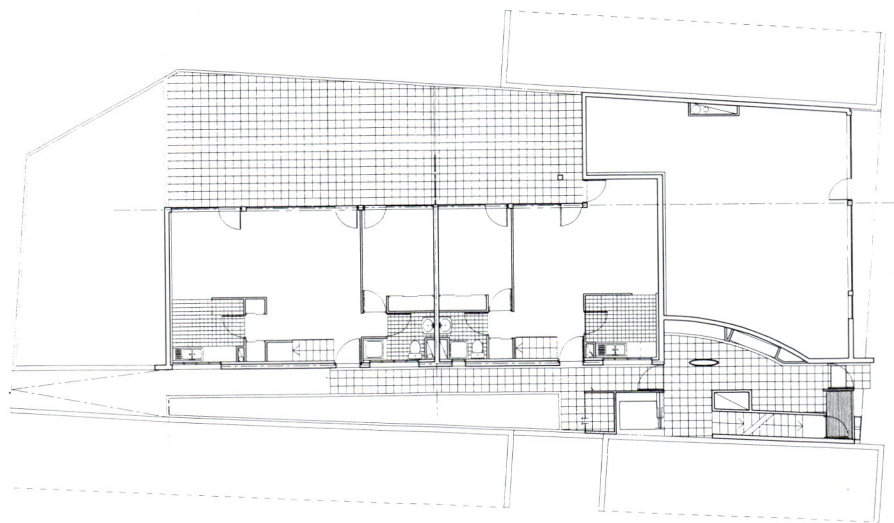

Ground floor plan / Planta baja

Photographs of the interior of the ample and spacious homes. Each enjoys double spaces and large openings that look out over the inner courtyard, allowing a great amount of light to enter.

Las imágenes muestran el interior de las amplias y espaciosas viviendas. Todas disfrutan de dobles espacios y grandes aberturas que miran al patio interior, permitiendo la entrada de una gran cantidad de luz.

The apartments are maisonettes, with double-height glazed frontages on the courtyard side. They are fitted out to a high standard, with timber flooring and metal balustrades.

Los apartamentos son tipo dúplex, con doble altura y con frente vidriado en el lado del patio. Estos tienen una altura estándar, con pavimento de madera y barandillas de metal.

Frédéric **Jung**

Gilbert **Long**

Paris / FRANCE

LOGEMENTS ET ATELIERS RUE GUY MÔQUET

Photographs: Hervé Abbadie

The project of this building, result of a contest for young architects launched in 1991, contains 4 dwellings and 3 ateliers for artists.

The restrictions on facades relating to the contiguous courtyard of the nearby constructions, and hence the reduced possibilities of alignment on Rue Guy Moquet. In fact the facade takes advantage of this new depth, using it to hold a dialogue with an abstract "diaphragm", unconnected with the reality of the buildings and a virtual image of the original street line

The vertical and horizontal communications are housed in this sort of "pouch", which serves as a buffer element between the road and residential area.

Backing onto the dividing wall on one side, the building therefore gradually disappears behind the grid of the diaphragm.

The basic idea is to reveal the building as a sort of urban "accident", but through a filter capable of reacting with the light both by day and by night. In the daytime, in fact, the screen looks like an added element which is more opaque and almost two-dimensional; at night, on the other hand, it vanishes.

With the script already established, three vertical "characters" come into view beyond the screen and give the project its personality: the "tower", in line with the street front and surmounted by the glass wall of one of the painter's studios, concentrates the pattern of transparencies created by the concrete-framed glass blocks, perforations, and metal framework.

On the other side, the "totem", a massive wooden upright, masks the entrances to the apartments. Finally, the "shaft" of rough concrete houses the main staircase.

The material chosen for the screen is one already in use for another purpose, a stainless metal grill employed in quarries to sieve and transport gravel. In the front onto the street, facing north, the studios are provided with large expanses of glass. Each is structured by a wall of exposure that receives light from the side. The back of the court is occupied by a sculptor's stu-

The double facade on the street side is defined by an open ante-facade of metal panels in front of the inner facades corresponding to the different volumes of the building. At night, the opacity of the facade is converted into a transparent and very expressive piece.

De noche, el carácter opaco de la fachada se transforma en un elemento transparente y muy expresivo. La fachada, alineada con respecto a la calle, retrocede en su cara interna, dejando que el edificio respire a través de una zona abierta central.

dio, a huge and functional volume that is illuminated from above. The apartments are completely independent of the studios and have a duplex layout with a living area passing right through.

El proyecto, fruto de un concurso para jóvenes arquitectos convocado en 1991, aborda la construcción de un edificio en el centro de París, que alberga cuatro viviendas y tres talleres para artistas plásticos.

El diseño de la fachada debía asumir ciertas restricciones relacionadas con el patio contiguo de las construcciones cercanas, al que no debía bloquear el nuevo edificio y, desde aquí, asumir las reducidas posibilidades de la alineación de la calle Guy Moquet.

De hecho, la fachada aprovecha esta nueva profundidad estableciendo un diálogo con un diagrama abstracto, desconectado de la realidad de los edificios y la imagen virtual de la linea original de la calle.

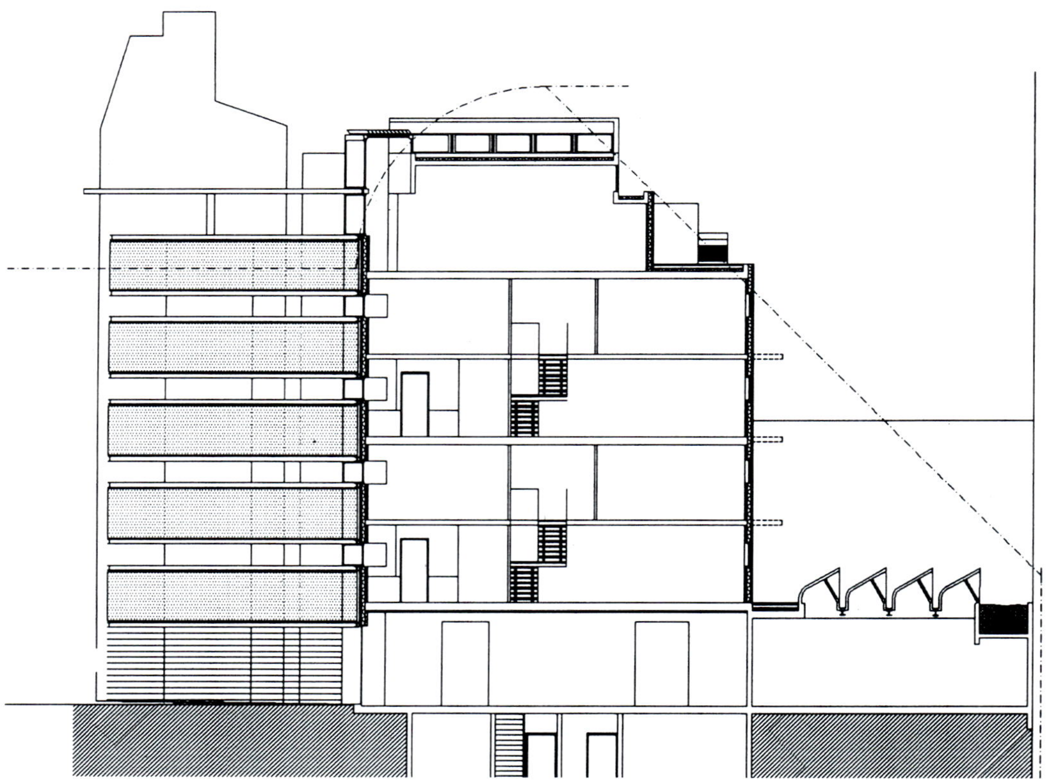

Longitudinal section / Sección longitudinal

The outer skin is dominated by the horizontal lines of the metal frames. In contrast with the flatness of this first skin, the inner facade is full of rich volumetric complexity.

La piel exterior del edificio se encuentra dominada por la horizontalidad de las líneas marcadas por las carpinterías metálicas. Al traspasar esta piel, la planeidad de la fachada se transforma adquiriendo riqueza y complejidad volumétrica.

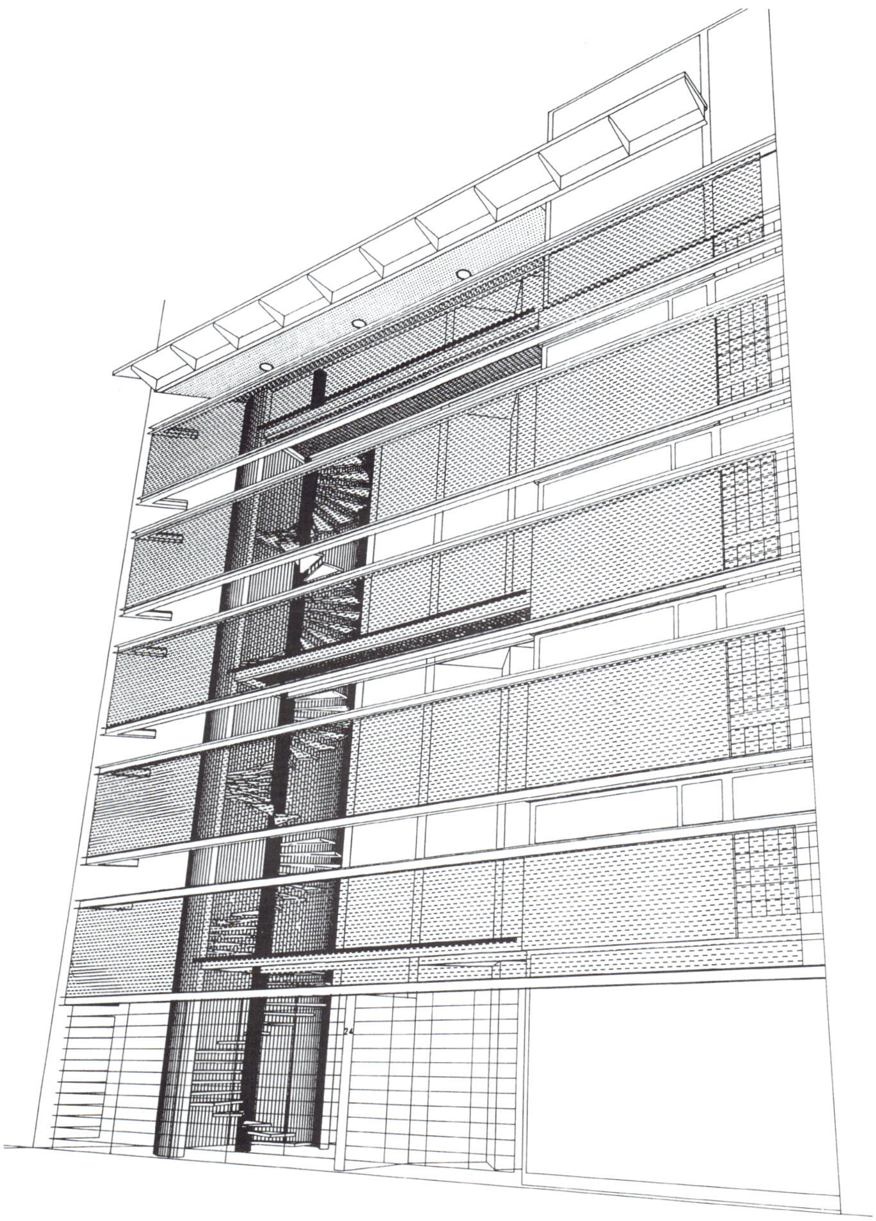

Axonometric view / Axonometría

Las comunicaciones verticales y horizontales se concentran tras esta especie de "bolsa", que funciona como frontera entre la calle y el área residencial.

En cuanto al muro divisorio en uno de los lados, el edificio desaparece gradualmente tras la parrilla del diagrama mencionado. La idea básica es revelar una imagen del edificio como "accidente", a través de un filtro capaz de reaccionar con la luz tanto de día como de noche. Durante el día, de hecho, la pantalla parece un elemento añadido que es más opaco y casi bidimensional, mientras que durante la noche desaparece.

Tres elementos verticales son visibles tras la pantalla y dotan de identidad a la construcción: de un lado, la "torre", alineada con el frente de la calle y sobremontada con un muro de vidrio de uno de los talleres de los artistas, concentra el modelo de transparencias creado por los bloques de vidrio con marco de hormigón, perforaciones y estructura de metal. Por su parte, el "totem", una masiva pieza vertical de madera, enmascara las entradas de los apartamentos. Y finalmente, el "mango", un fuste de hormigón que acoge la escalera principal.

El material elegido para la fabricación de la pantalla, una parrilla de metal que se emplea en las minas para recoger y transportar grava, se basa en el propósito de dar una segunda piel a la construcción.

En el lado norte de la calle, los estudios están provistos con grandes superficies de cristal. Cada una se estructura a partir de un muro de exposición que recibe luz desde un lado.

En la fachada del patio, la edificación está ocupada por el estudio de un escultor, un volumen enorme y funcional, que se ilumina cenitalmente. Los apartamentos son completamente independientes de los estudios y tienen un desarrollo en forma de dúplex con una zona de estar a la derecha.

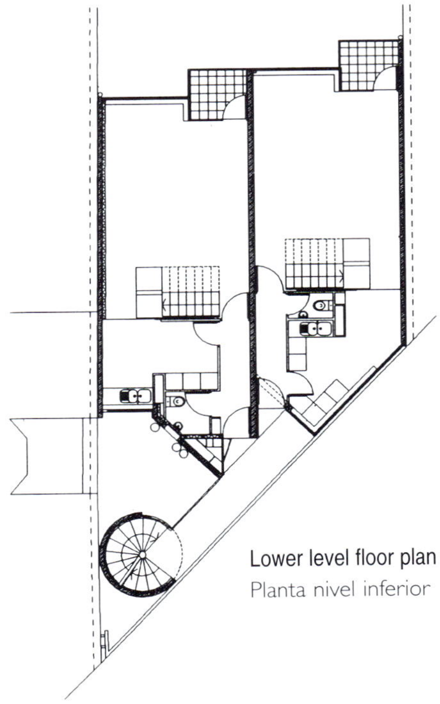

Lower level floor plan
Planta nivel inferior

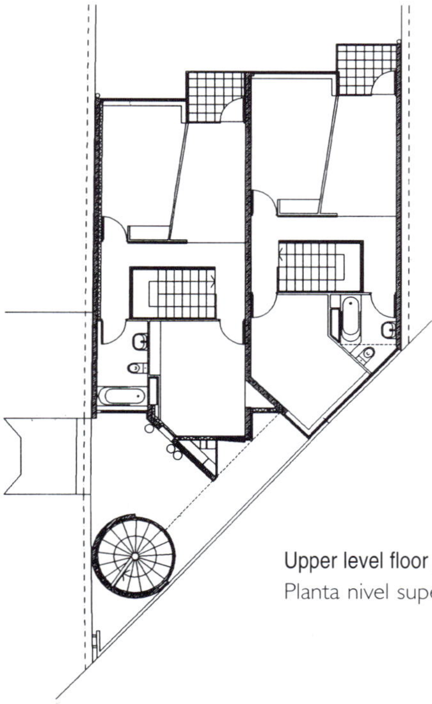

Upper level floor plan
Planta nivel superior

The apartments are completely independent of the studios and have a duplex layout with a wide living area passing right through.

Los apartamentos son completamente independientes de los estudios y tienen un desarrollo en forma de dúplex con una amplia zona de estar.

Waro **Kishi**

Kobe, JAPAN

HOUSE IN HIGASHINADA

Photographs: Hiroyuki Hirai

This house in Higashinada Ward, Kobe, is for a family of two consisting of a mother and a daughter. The conditions are typical for an urban dwelling. There are houses standing close to the site on both sides, and the site configuration is narrow and quite deep. The saving grace of the project is the presence of a park across the street to the north. The design was started with the idea of 'borrowing' the scenery of this park, which penetrates the dwelling through the large glazed openings.

The clients wanted a house in which they could always sense each other's presence. The result is a three-story reinforced concrete house which inside is one continuous space.

The concrete box measures 3.3 meters wide and 16 meters deep and occupies nearly the en-tire site. The south-western quarter of the box has been made into a light well. There is a split-level arrangement between the northern half of the house and the remaining south-eastern quarter, and interior doors have been provided only where necessary.

The living-dining room on the top floor has a ceiling height of 3.9 meters. It faces the light well in the south-western direction, and stairs with low risers lead, beyond the toplit stairwell, to a terrace half a level above the room in the south-eastern direction. On the north side, windows are extended the full width of the house and provide the interior spaces with views of the trees and grass in the park across the street. This living-dining room is open to both the north and the south. It floats above the city and enables the occupants to enjoy the town-scape. Kishi believes that the only thing an urban dwelling has to offer an occupant is an opportunity to enjoy the city.

Ubicada en el distrito de Higashinada Ward, en la ciudad japonesa de Kobe, esta vivienda se plantea como refugio de una familia de dos miembros, compuesta por una madre y una hija.

Las condiciones del proyecto son .son los habituales en una vivienda urbana. La edificación aparece flan-

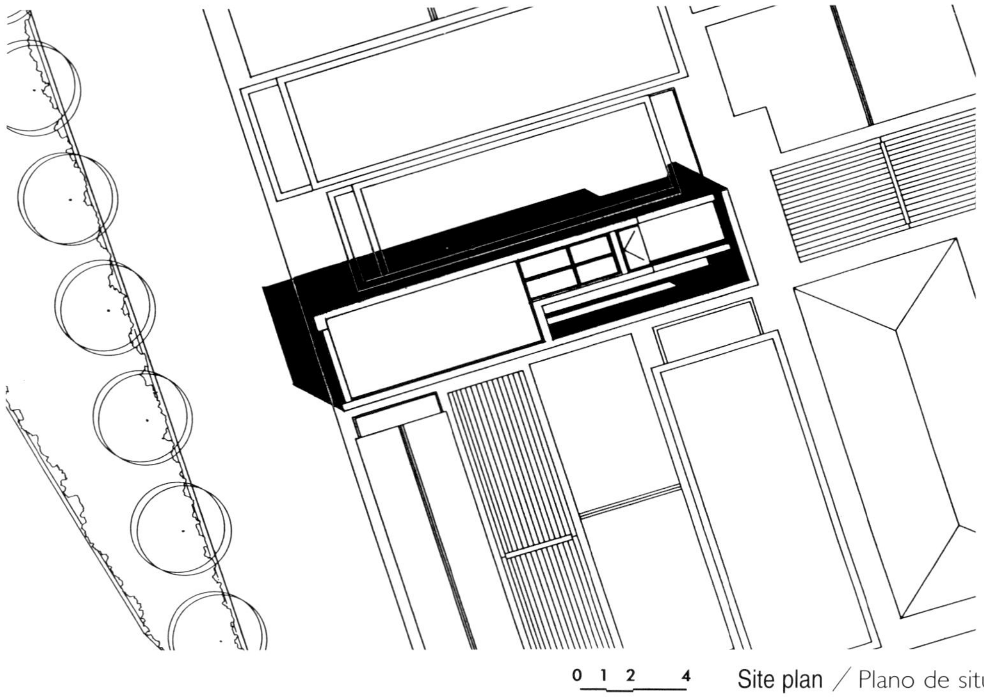

Site plan / Plano de situación

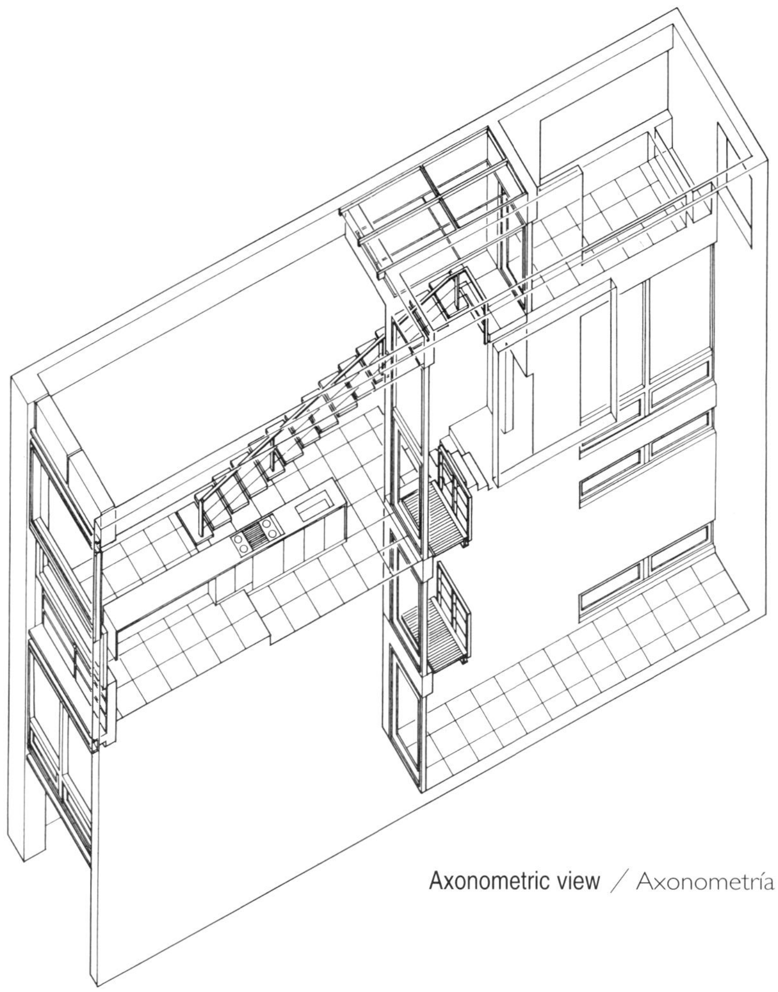

Axonometric view / Axonometría

The dwelling has views of a park located to the north.
The upper floor, which has a higher ceiling than the rest, thus becomes a semi-open outdoor space.

La vivienda abre sus vistas hacia un parque situado en la parte norte.
La planta superior, con una altura de forjado superior al resto, se convierte de este modo en un espacio semi abierto al aire libre.

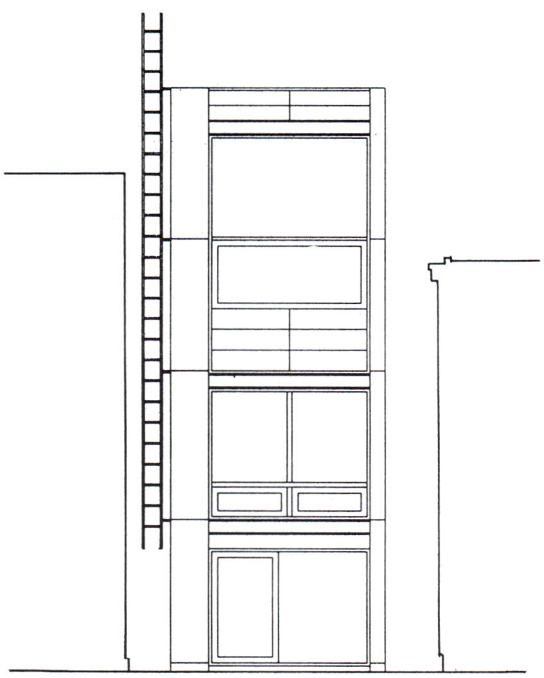

South elevation / Fachada sur

queada en sus dos lados por volúmenes de vivienda y el solar en el que se enclava tiene forma alargada y bastante profunda.

Uno de los rasgos más singulares del proyecto es la presencia de un parque que se extiende junto a la calle que bordea la construcción en el lado norte. El diseño comenzó con la idea de "apropiarse" de la imagen de este parque, que penetra en la vivienda a través de grandes vanos acristalados.

Las clientas querían tener una casa en la que siempre pudieran sentir la presencia de "la otra". El resultado es un volumen de hormigón armado, dividido en tres plantas y un interior diáfano y contínuo.

La caja de hormigón mide 3.3 metros de ancho y 16 metros de profundidad y ocupa prácticamente todo el solar. El lado suroeste del volumen se abre a un patio interior.

Hay un nivel de ruptura entre la mitad norte de la casa y la parte sureste, y en el fluido interior sólo se han colocado puertas en aquellos puntos en los que se consideró estrictamente necesaria su colocación. El estar-comedor de la última planta tiene un techo muy alto, de 3,9 metros. Este espacio mira hacia el patio en su lado suroeste, y una escalera de metal en pequeña pendiente comunica los tres niveles y conduce a la terraza medio nivel por encima de la habitación en el lado sureste.

En el lado norte, las ventanas se extienden en todo el ancho de la fachada proporcionando generosas vistas hacia los árboles y el cesped del parque mencionado.

La sala de estar-comedor se extiende de lado a lado, desde el norte al extre- mo sur del edificio. Este flota sobre la ciudad y permite disfrutar de una estupenda vista sobre el perfil de la ciudad. Este tema obsesiona espeialmente a Kishi, quien considera que la única cosa que una vivienda urbana debe ofrecer a sus usuarios es la posibilidad de disfrutar de buenas vistas de la ciudad.

The clients wanted a house in which they could always sense each other's presence. The result is a three-story reinforced concrete house which inside is one continuous space.

Las clientas querían tener una casa en la que siempre pudieran sentir la presencia de "la otra". El resultado es un volumen de hormigón armado, dividido en tres plantas y un interior diáfano y contínuo.

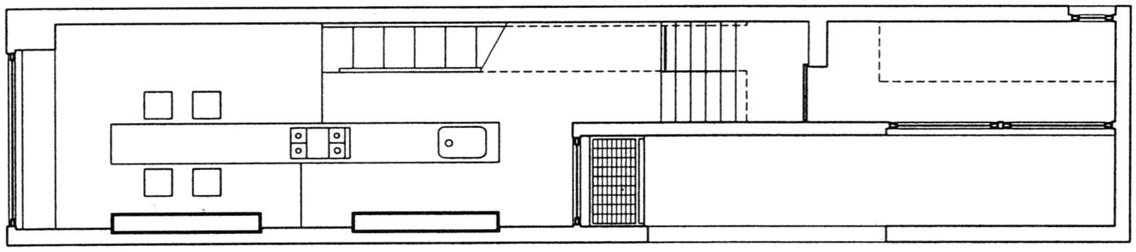

Third floor plan / Planta tercera   0 0.5 1 2

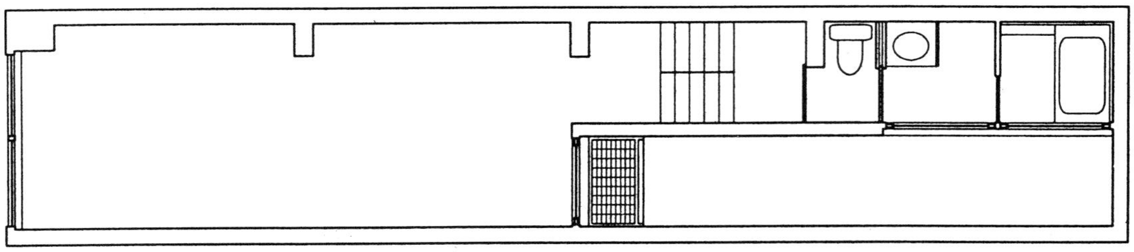

Second floor plan / Planta segunda

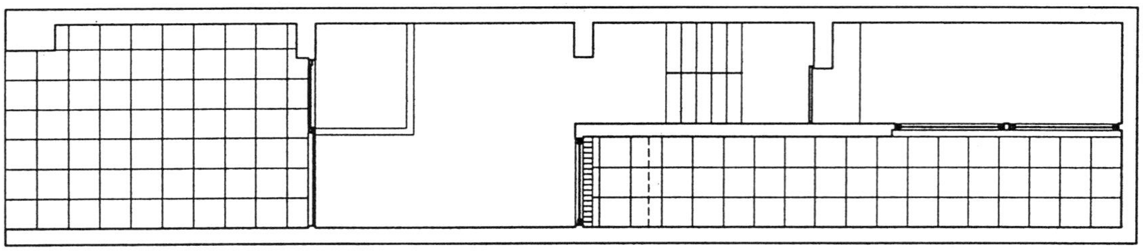

First floor plan / Planta primera

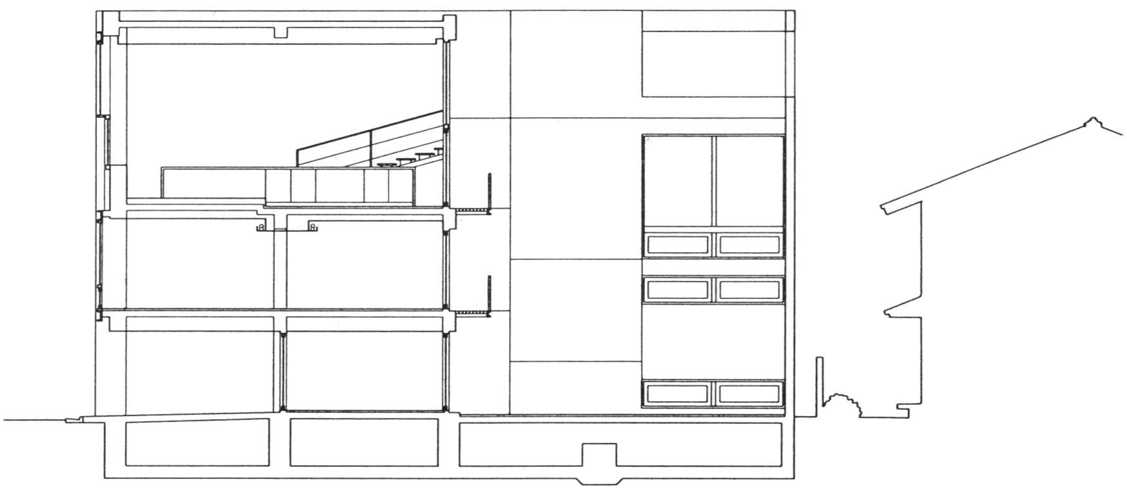

Longitudinal section / Sección longitudinal

The open staircase provides spatial continuity in the vertical direction, transforming the dwelling into a single room fragmented visually into several levels.

La escalera abierta proporciona continuidad espacial en el sentido vertical, convirtiendo la vivienda en una única estancia fragmentada visualmente por varios niveles.

The opening of an inner courtyard in the south-west corner of the site provides more light in the house's interior and it increases the sensation of spatial freedom and emptiness.

La abertura de un patio interior en la esquina suroeste del solar permite ganar luminosidad en el interior de la vivienda, aumentando la sensación de libertad espacial y de vacío.

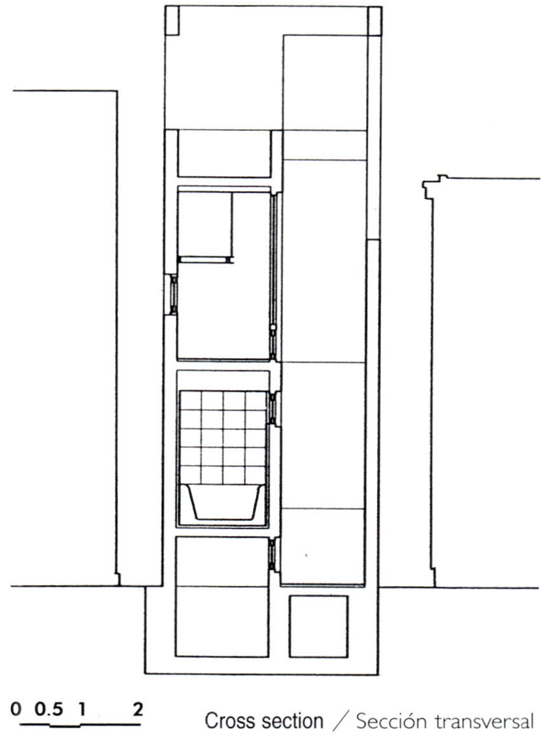

Cross section / Sección transversal

Vincent Van **Duysen**

Flandres / BELGIUM

TOWN HOUSE IN FLANDRES

Photographs: Jan Verlinde

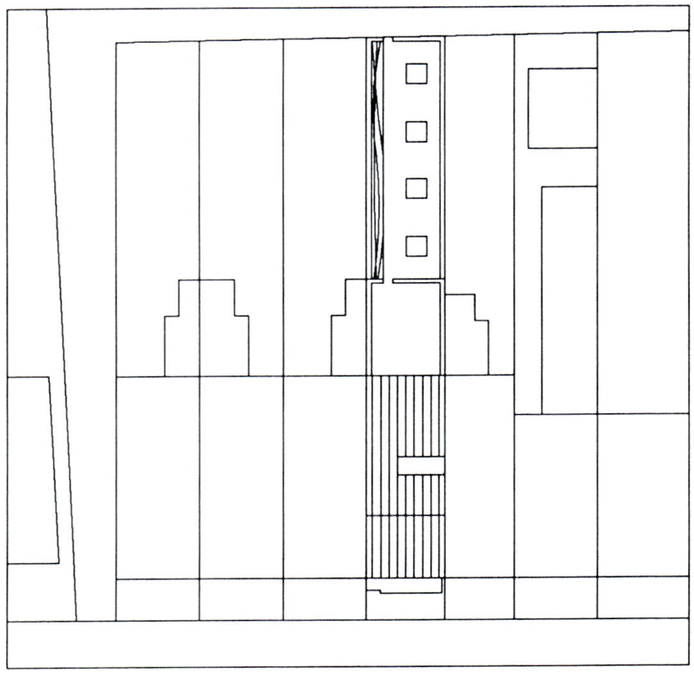

Site plan / Plano de situación

The project consists in the refurbishment of a classic 30's row house with a fairly restricted width and a deep plan.

The house is situated between five similar row houses by the same architect and from the same period; which is why the front elevation has only been restored and is further kept untouched.

The deep plan of the existing house made it very dark what Van Duysen has completely abolished in favour of an open plan with a glazed central void over three stories visually connecting all the spaces vertically and horizontally, daylight pouring an extensive rooflight and a completely glazed back elevation.

The impressive spatial qualities are emphasised by several factors. From one side, the unrestricted views, got from the front to the back of the house on all levels (entering through the front door one can see the garden gate in the back garden. Those views come as well from two voids on the rooflight and

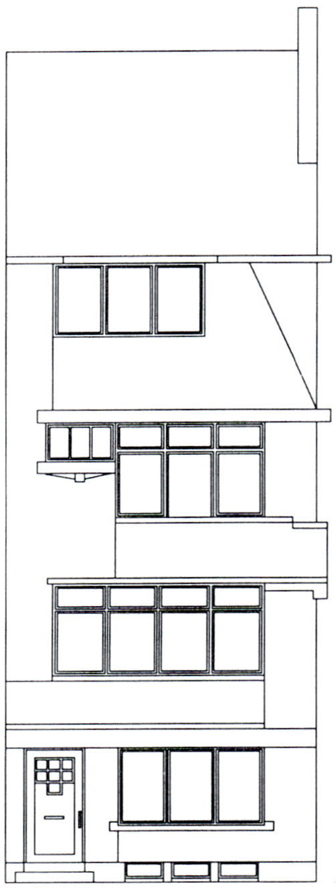

Main facade / Fachada principal

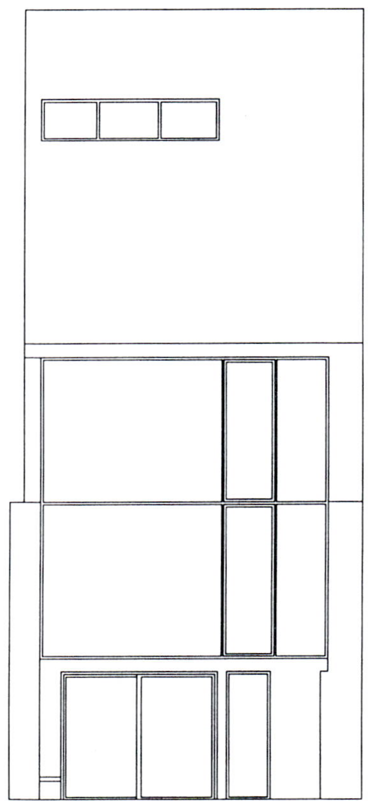

Back facade / Fachada posterior

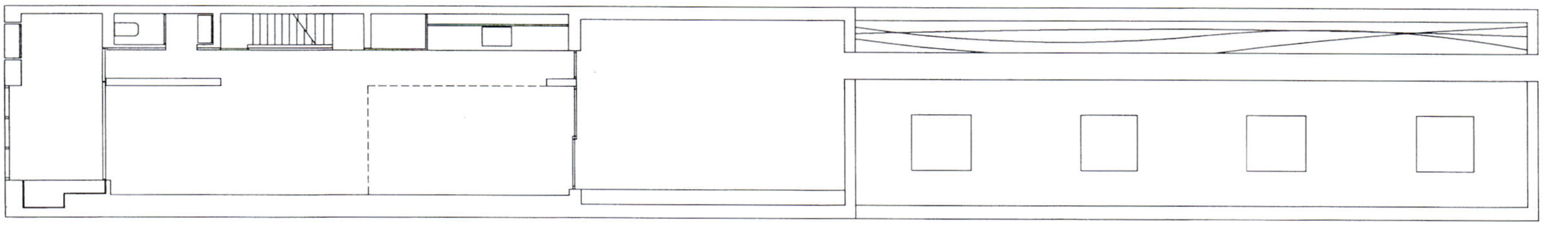

Ground floor plan / Planta baja

the central lightwell; the completely glazed back elevation give views of the old industrial buildings and chimneys.

The materials used in the building process consists of flush planes of dark tinted oak against a background of white plastered walls and is carefully proportioned to emphasise the spatial system of the house. Large planes of glass divide the structure and organisation of the plan.

The whole building is opened up to the garden through the completely glazed elevation, whereby the window frames again reflect the structure inside. At the same time, the walled garden elongates the space of the dining and cooking area and combined with the void above the dining room and the use of identical stone floor in and outside, effectively pulls the internal and external space together in one. The patio wall marks the end of the external dining area and creates a kind of "garden room", with a framed view onto the rest of the planted garden.

El proyecto aborda la restauración y adecuación interior de un edificio clásico de vivienda en hilera de los años treinta, con una planta claramente estrecha y restringida.

El volumen se enclava dentro de una secuencia compuesta por cinco casas realizadas por el mismo arquitecto y levantadas en el mismo periodo, razón por la cual el alzado frontal ha sido cuidadosamente restaurado, bajo una respetuosa actitud por los elementos existentes, sin introducir ningún tipo de cambios en ellos.

La profundidad de la planta de la antigua residencia hacía que los interiores de ésta fueran muy oscuros. El proyecto de Van Duysen cambia radicalmente este hecho gracias al empleo de una planta libre con un vacío central acristalado hacia el que miran los tres niveles en que se estructura la residencia. Estas tres plantas se conectan visualmente en sentidos vertical y horizontal a través de este vacío.

La entrada de luz es además ahora mucho mayor gracias a un

The partitions creating a dark and closed floor plan were totally demolished to create wide open spaces. A central void three floors high connects the interior spaces vertically and horizontally.
The dwelling opens onto the garden through a completely glazed wall.

La organización cerrada y oscura de la planta existente ha sido totalmente demolida para convertirla en amplios espacios abiertos. Un vacío central de tres plantas de altura se encarga de conectar, tanto vertical como horizontalmente, los espacios interiores.
La vivienda se abre hacia el jardín a través de un paramento completamente acristalado.

gran lucernario en la cubierta y al acristalamiento de la fachada posterior en toda su extensión.

La fluidez espacial del proyecto se debe a varios factores. De un lado, la amplitud de vistas favorece este hecho, pues se establece un hilo conductor ininterrumpido en todos los niveles, desde el frente de la casa a su cierre posterior (desde el acceso principal de la residencia se puede ver la puerta del jardín, ubicada en el otro extremo de la casa).

Esta visualización espacial se consigue también a través de las dos grandes aperturas más arriba mencionadas, del lucernario sobre la cubierta y el vacío central, así como la gran fachada acristalada, que dota de vistas fragmentadas hacia los antiguos edificios industriales y chimeneas del entorno.

Los materiales elegidos por Van Duysen para la construcción son planos enrasados de madera de roble tintada, que contrasta con el inmaculado fondo de los muros revocados de color blanco que cuidadosamente se establecen para enfatizar el sistema espacial que rige el diseño de la vivienda. Por otro lado, grandes planos de vidrio dividen la estructura y la organización de la planta.

Todo el edificio se abre al jardín a través de la fachada acristalada, por lo que las carpinterías, revelan de nuevo la estructura interior.

Al mismo tiempo, el jardín, con su perímetro amurallado, amplía la superficie de los ámbitos de comedor y cocina, lo que se enfatiza con el uso de una piedra idéntica en el pavimento del interior y del exterior, logrando una eficaz integración de ambos ambientes.

Por otra parte, el muro del patio delimita el final de la zona externa del comedor, configurando un espacio semi-abierto de jardín interior, con vistas fragmentadas hacia la vegetación del jardín principal.

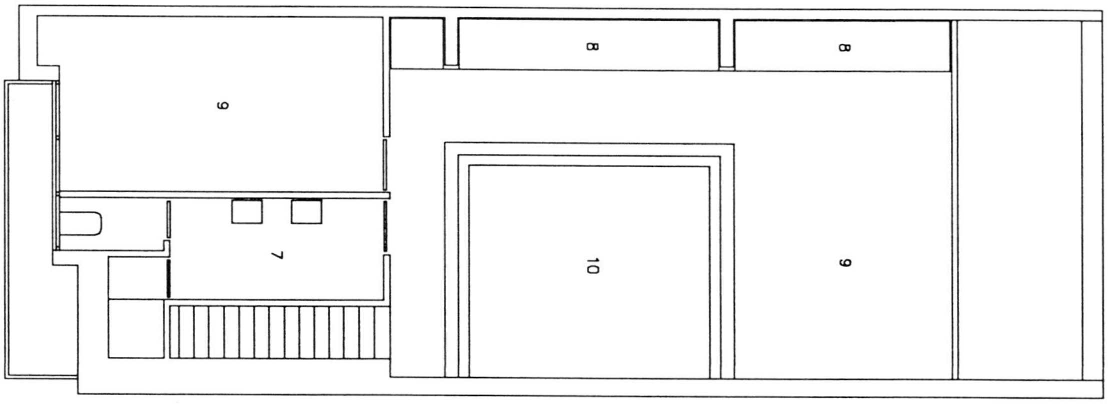

Third floor plan / Planta tercera

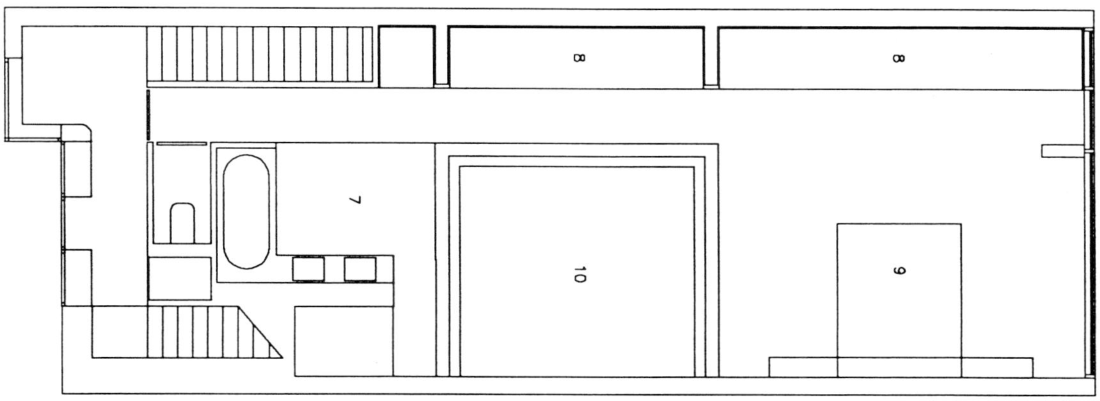

4. **Kitchen-dining room** / Cocina-comedor
5. **Corridor** / Corredor
6. **Void** / Vacío
7. **Bathroom** / Baño
8. **Closet** / Armario
9. **Bedroom** / Dormitorio
10. **Void** / Vacío

Second floor plan / Planta segunda

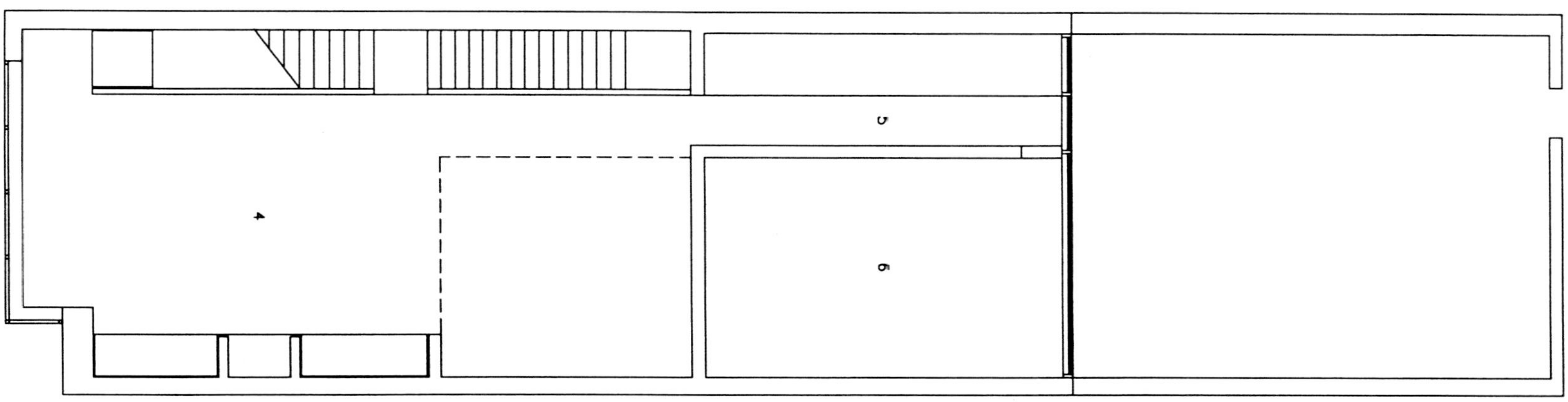

0 0.5 1 2

First floor plan / Planta primera

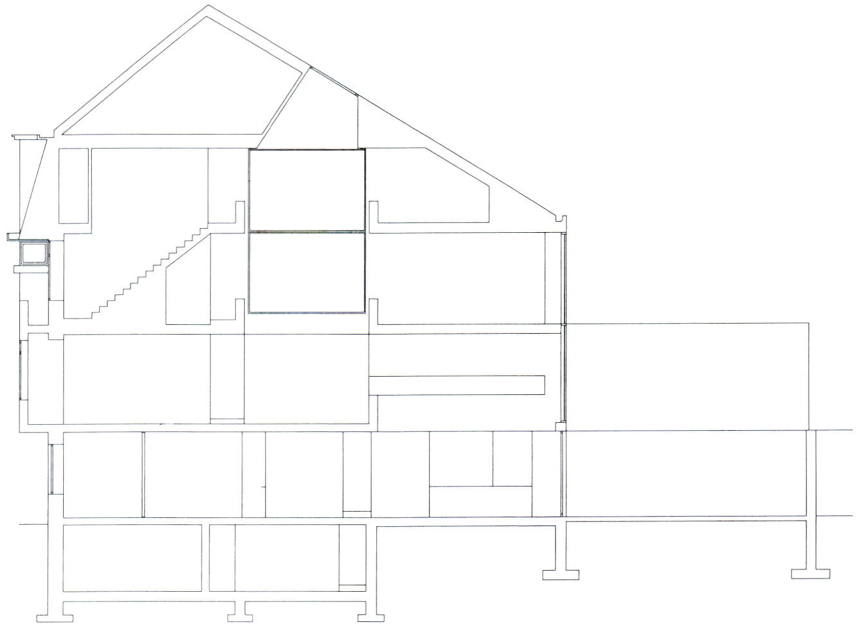

Cross section / Sección transversal

The materials used by Van Duysen in the building process of this house consist of flush planes of dark tinted oak which constrasts against an inmaculate background of white plastered walls.

Los materiales elegidos por Van Duysen para la construcción de la vivienda consisten en planos enrasados de madera de roble tintada, que contrasta con el inmaculado fondo de color blanco del revoco de los muros.

Felix **Claus**
Kees **Kaan**

Amsterdam / THE NETHERLANDS

HOUSING HAARLEMMERBUURT

Photographs: Ger van der Vlugt

Where the former harbours of Amsterdam meet the 'Canal belt' we find the 'Haarlemmerbuurt', a lively neighbourhood lying in between the water of the Y-river and the bourgeois atmosphere of the canals.

In this area the architects did several small projects on different sites. All the projects have in common that existing monuments were restored and combined in one project with a new infill. In medical terminology one would call the operation one of microsurgery.

In the case of Binnen Wieringerstraat the existing structure, which was in extremely poor condition, was only 3.5 meters wide and 8 meters deep, on a rectilinear site made trapezoidal by the slice of the street. There ensues a game whereby the plan and inner wall are orthogonal but the elevation lies askew. This in fact is typical of Amsterdam, where there are many discrepancies between the street facades and projecting mechanisms.

The architects decided to use the adjacent small plot to build a structure that would make it possible to have a contemporary loft-type living spaces in the old structure. The new structure then contains all the more private and technical functions: vertical circulation, storage, one bath and one bedroom per floor. The monument contains only three living rooms.

The architects call this an 'infusion' or 'drip'. In this manner they could preserve the old structure with its essential monumental detailing without having to damage it for installations, shafts, staircases etc.

Instead of ending up with the monument as an inhabitable museum, the monument offers a free space of 7 by 3 meters, a luxury in social housing. All that is necessary to meet contemporary standards is placed inside the drip.

The facade of the drip is carefully designed to avoid typical 'social housing' associations. Almost flush with the street elevation is a new screen of three large sheets of glass. It is shocking and seductive, with fluorescent tubes (concealed behind the metal section) illuminating the interior wall of vivid yellow paint.

The project starts from the restoration of an old building only 3.5 meters wide by 8 metres deep that is located in the historic part of the city of Amsterdam. This contains 10 dwellings and a commercial space.

El proyecto parte de la restauración de una antigua construcción, de tan sólo 3,5 metros de ancho por 8 metros de profundidad, situada en la parte histórica de la ciudad de Amsterdam. Esta alberga 10 apartamentos y un local comercial.

Main elevation / Alzado principal

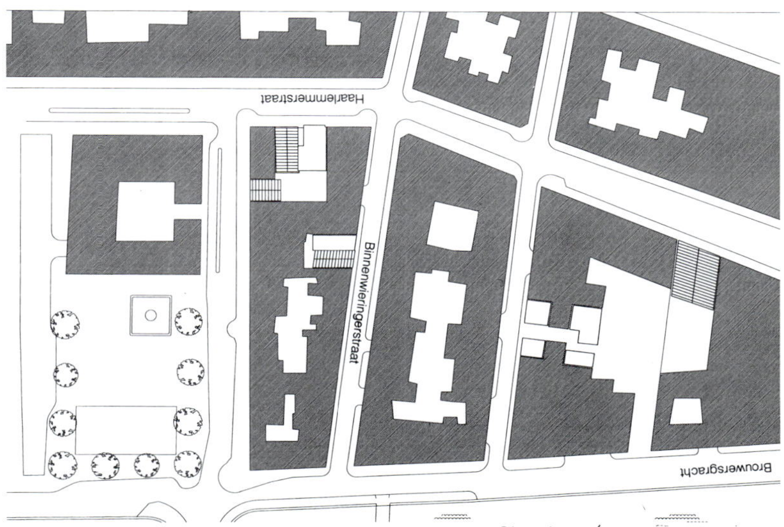

Site plan / Plano de situación

The surface of each glazing panel is divided into translucent and transparent areas so that the public cannot quite read the circular stairs behind. Finally the glass folds inwards on top so that this sheer and rather cinematic foyer is also bathed in top lighting. The entrance, a very large door, gives the house dignity.

En el lugar en el que los antiguos puertos de Amsterdam se encuentran con el cinturón del Canal principal, se haya 'Haarlemmerbuurt', un animado barrio entre la orilla del río Y y el barrio burgués junto a los canales.

En este área, el estudio holandés de arquitectura del dúo Felix Claus & Kees Kaan ha realizado pequeños proyectos en diversos solares. Todas estas obras tienen en común la combinación de un proyecto de nueva planta con un antiguo monumento restaurado. En el argot médico, se podría decir que se trata de una intervención de microcirugía.

En el caso de Binnen Wieringerstraat –el proyecto que ocupa estas páginas–, la estructura existente se encontraba en muy malas condiciones de conservación, con sólo 3.5 metros de ancho y 8 metros de profundidad, sobre un solar rectangular que, por un corte de la calle, traza una forma trapezoidal.

Allí se establece un juego en el que la planta y el muro interior son ortogonales pero el alzado se eleva en sentido oblicuo. Este hecho es bastante típico en el centro urbano de Amsterdam, donde existen muchas discrepancias entre las fachadas a la calle y los mecanismos de la proyección interna.

El equipo Claus & Kaan decidó utilizar el pequeño solar adyacente para construir una estructura que hiciera posible la definición de una serie de espacios habitables tipo *loft* dentro de la antigua estructura.

Dentro de la nueva estructura se alojarían las funciones técnicas y las más privadas: circulaciones verticales, almacenaje, un baño y un dormitorio por planta.

Due to its small size, the structure was considered insufficient to house the necessities of a modern dwelling. Its restoration was therefore combined with the construction of an added structure that allowed new apartments to be created inside the old building.

Debido a sus reducidas dimensiones, la estructura se consideró insuficiente para albergar las necesidades de una vivienda moderna. Por ello se combinó su restauración con la construcción de una estructura adosada que facilitara la creación de nuevos apartamentos en el interior del antiguo edificio.

The facade of the annexe has been carefully designed to be as neutral and abstract as possible beside the existing building. The large entrance door gives the scheme greater dignity.

La fachada del anexo moderno ha sido cuidadosamente diseñada para que resulte lo más neutra y abstracta posible junto a la construcción existente. La gran puerta de entrada proporciona mayor dignidad al conjunto.

Por su parte, el edificio antiguo contendría tan sólo las tres salas de estar de los apartamentos.

Con esta solución distributiva, el proyecto de Claus en Kaan preserva la monumentalidad y los detalles sutiles de la antigua estructura sin dañarla con la incorporación de instalaciones, la restauración de las antiguas vigas y escaleras, etcétera.

Sin embargo, en lugar de completar el edificio histórico como si se tratara de un museo inhabitable e intocable, este se plantea como un gran espacio libre de siete por tres metros, lo que supone un auténtico lujo en una vivienda social.

Además, el proyecto trata de resolver a nivel de equipamiento, todo lo que se considera necesario en los estándares contemporáneos de vida.

Por su parte, la fachada interior de la edificación se ha diseñado cuidadosamente para evitar cualquier clase de asociación con la que suele ser la típica imagen de vivienda de protección oficial.

De este modo, y casi cubriendo la fachada a la calle, se levanta una nueva pantalla dividida en tres largas planchas de vidrio.

Este elemento, sugerente y atractivo, se ilumina desde dentro con tubos fluorescentes (ocultos tras la carpintería metálica) que también bañan el muro interior pintado de un vivo color amarillo.

La superficie de cada panel vidriado combina partes transparentes y traslúcidas, lo que produce un dinámico juego plástico que semioculta desde fuera la escalera circular colocada tras ellos, que sirve de hilo conductor entre los diversos niveles.

Finalmente, el vidrio se dobla en el remate interior de la fachada, de manera que el desnudo –y bastante cinematográfico– vestíbulo también recibe luz cenital. La entrada, una gran puerta de acceso, dota de cierta monumentalidad y dignidad a la vivienda.

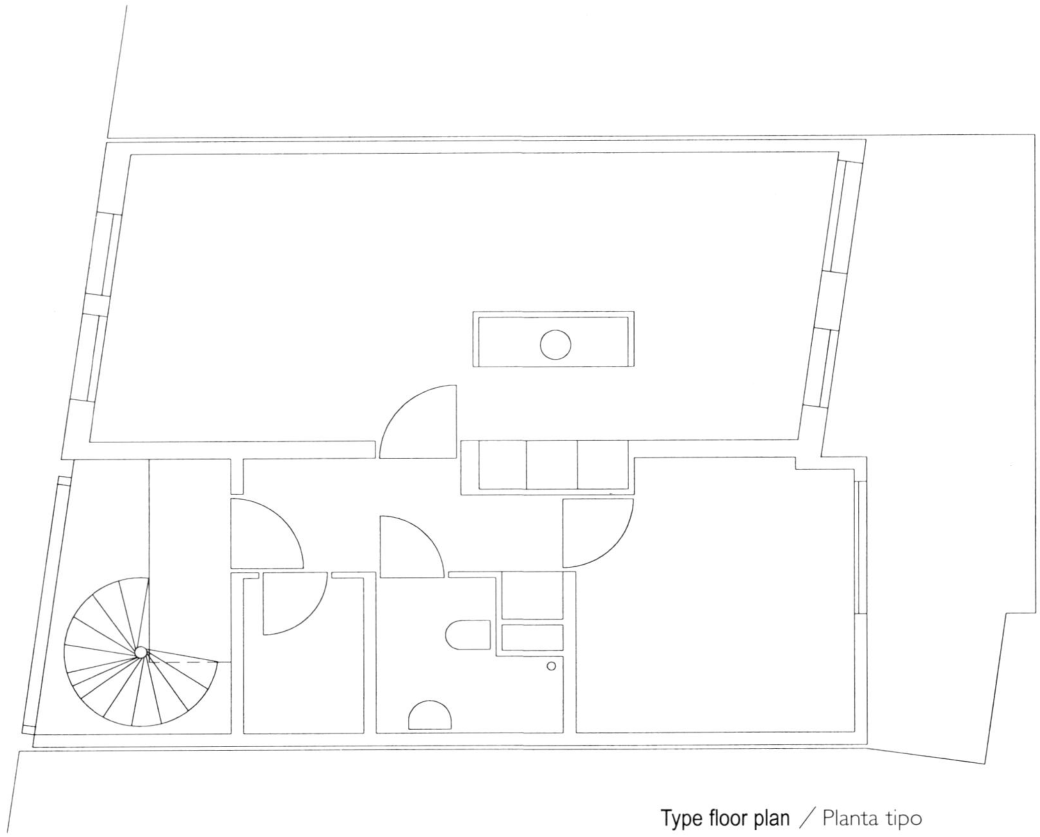

Type floor plan / Planta tipo

Interior perspective / Perspectiva interior

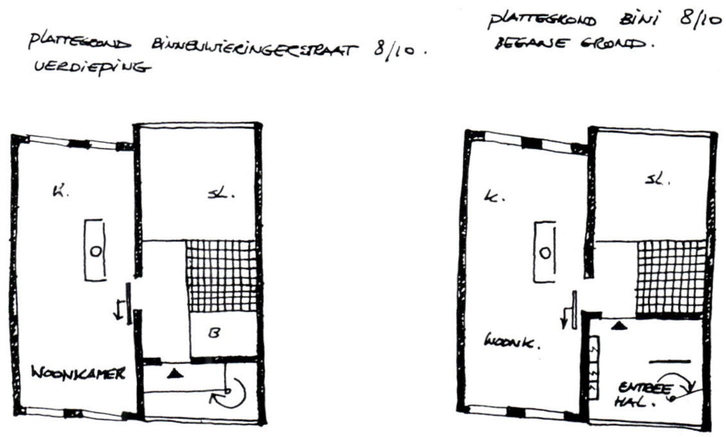

The services and facilities have been located In the new building, as has the vertical communications nucleus, leaving the old building containing only the spacious living rooms.

En el nuevo edificio se han situado los servicios e instalaciones necesarias, así como el núcleo de comunicaciones verticales, dejando que en el edificio antiguo contenga tan sólo las amplias y generosas salas de estar.